本当にすごい縁切り寺

しつこい執着と悪縁を手放して人生が大逆転する

JN243926

ブックマン社編集部編

はじめに

「最近、ツイてない――」

「あの上司のせいで、会社の居心地は最悪！」

「お酒がらみの失敗が増えた、やめたいのにやめられない」

「元彼がしつこく付きまとってきて、怖くてたまらない」

「母親の過干渉がきつい、嫌なのに無視できない」

「治療の難しい病気と言われて将来が不安」

「ずっとお金の心配をしているような生活にうんざり」

「事故に巻き込まれたり、転倒したり……ケガが絶えない」

私たちの日常は、尽きることのないストレスと、
簡単には打開策の見つけられない、どうにもややこしいことだらけです。
日頃、目に見えない力とか、霊感などを一切信じないという人でも
「神様仏様、どうかこの最悪な状況から救ってください」と

思わず手を合わせて頼りたくなってしまうほど、
つらく、苦しい現実に追い詰められてしまうことだってあるでしょう。

でも、いざ近所の神社やお寺を訪れてみたら、
「家内安全」だとか、「安産祈願」だとかのお守りばかり。
それもそのはず、神様や仏様にもいろいろあって、それぞれに得意分野が異なるのですから、
たまたま訪れた場所が、自分の悩みにぴったり当てはまるとは限らないわけです。
負のスパイラルから抜け出したいのなら、「悪縁を切って、良縁を呼び込む」、
そんなパワーを持った神様や仏様のいる神社仏閣、「縁切りスポット」を訪れるのが最適解。

しかし「縁切りスポット」と聞くと、
「男女間の痴情のもつれ」にしか効果がないのでは？　と想像するかもしれませんが、
恋愛関係にある相手との縁よりも、上司や同僚、友人との関係や、
親兄弟など血縁関係にある人たちとのトラブルのほうが、よほど多くて根も深いもの。
さらに言えば、病気、お酒やギャンブルといった悪癖、運の悪さなど、
縁を切りたいものは、何も対人関係に限った話ではありません。
だからこそ、今の悪い流れを断ち切りたいと思って本書を手にとってくれた皆さんには、
本来の意味での「縁切り」を得意としている神様仏様のもとを訪れてほしいのです。

本書では、「縁切り」のご利益があることで知られる神社仏閣に、
じっくりと、詳しくお話を伺っています。
すると、「縁切り祈願」とひと口にいっても、その歴史的な由来や、
縁切りに対する思いは神社仏閣によって異なり、多様なものであるとわかりました。
そして何より、個性あふれる宮司や住職のお話は、いずれもとても興味深く、
不思議と心にすーっと染み入るものがありました――。
一読の価値あり、です。

それぞれの神社仏閣の特徴をわかりやすくまとめて紹介していますので
どこへ行こうかと迷っている方には、きっと役立つ一冊になると信じています。
まずはご自宅の近くの神社や、ゆっくり旅行に訪れる予定のある場所、
かつてその名前を聞いたことがあって気になっていたお寺などからチェック。
ぜひご自身と相性のよい神社仏閣を見つけてください。

本書が、皆さんと神社仏閣を繋ぐ架け橋となり、
新たな一歩を踏み出すきっかけとなることを祈願して。

編集部一同

「悪縁切りは幸せになるためにするもの。
短い人生、楽しく幸せに生きなきゃだめなのです」
鎌八幡（圓珠庵） 現住職 杉山契光・先代住職 喜多妙光（15頁）

「願い続ける一念が『条件』となって
現状の運命、縁の流れを変えることになるのです」
牛久縁切り稲荷　阿闍梨 大久保雅照（122頁）

「縁を切りたい相手を呪うより
『自分を守ってください』と祈ってください」
大宝八幡宮稲荷神社　宮司 山内雄佑（128頁）

「日々のちょっとした『悟り』は
ご自分のなかにあります」
総持寺　住職 永田龍祥（56頁）

「避けられない人との軋轢。
『感謝して遠のく』ことで光が見える」
穴切大神社　宮司 秋山忠也（179頁）

「一度きりの人生ですから、
その場で咲くしかない。だからこそ、
咲いて幸せだと思った人が、勝ちです」
陽運寺　住職 植松健郎（167頁）

目次

前編

お寺・神社だけではない　地域に佇む縁切り・縁結びスポット――102

掲載内容は2024年5月時点での情報です。初穂料、祈祷料などが変更になっている可能性もございますので、訪れる際には各寺社のホームページなどでご確認ください。

前編

大阪・天王寺

真言宗 豊山派《ぶざんは》
鎌八幡《かまはちまん》（圓珠庵《えんじゅあん》）

悪縁にぐさりと刺さる鎌の痕

山門。「撮影禁止」の貼り紙があり、観光名所ではないことがうかがえる。

地元の人々に親しまれ、真田幸村も信仰したご神木「鎌八幡様」

鶴橋や心斎橋といった大阪を代表する観光地から電車でわずか数分の、大阪メトロ谷町線・谷町六丁目駅。観光地の喧騒から離れた穏やかなベッドタウンであるこの街に、「鎌八幡」の名で知られるお寺、圓珠庵はひっそりと佇みます。

近年、大河ドラマ『真田丸』（2015年放送）の影響で話題を集めている場所でもあります。「真田丸」とは、1614年の大坂冬の陣で武将・真田幸村が築いた要塞です。鎌八幡の近隣地域は「真田山」と呼ばれており、街のいたるところに真田丸の痕跡を見つけることができます。

かつて、真田幸村も深く信仰したという一本の榎《えのき》の木。それが代々、圓珠庵の住職たちの間で受け継がれ、大切に守り続けられているご神木、鎌八幡様です。

鎌八幡様は、境内へ入って左奥に、お社に守られるように立っています。真っ直ぐに空へ向かう幹からは、戦災で損壊したあとも蘇生し、数百年という長い歴史のなかにあっても信仰が絶えなかった風格が漂います。その重厚な樹皮に食い込むようにして打ち込まれているのは、無数の鎌。

実際に目の当たりにするとその様子は、想像していたような痛々しい姿で

静謐（せいひつ）な空気漂う境内。

はなく、鎌八幡様がどっしりと鎌を受け止めているように見えます。鎌八幡様の周りに流れる空気は清々しく、不思議と心が落ち着くのを感じます。

鎌八幡の歴史は戦国時代以前にさかのぼります。昔から山のてっぺんに立つ「物見の木」として地元の人々から大切にされてきた霊木でした。

圓珠庵の伝承によれば、真田丸の要塞はとても広く、庶民も多く出入りしていたといいます。要塞のなかに取り込まれていた鎌八幡にお参りをする庶民の姿を見た真田幸村は、自身も鎌八幡を信仰し、お参りをしました。

対戦の前、真田幸村は鎌八幡に鎌を打ち込み、鎌八幡大菩薩と称して勝利を祈念します。すると戦は豊臣軍の大勝利に終わったのです。以降、人々の鎌八幡への信仰はいっそう厚くなったのだそうです。

時は過ぎて江戸中期の元禄時代。「国学の祖」と呼ばれた偉大な学者でありながら、大阪今里にある妙法寺の住職も務めていた契沖阿闍梨（けいちゅうあじゃり）は、より勉学に打ち込むために住職の座を譲り、隠居生活を始めます。その際、大阪城の見える土地に住む場所を探していた契沖に、「鎌八幡様の御守をしてくれるなら」という条件で、ちょうど天守閣の真正面に位置する鎌八幡の土地が寄進されたのです。それが圓珠庵の始まりです。

檀家を持たず、鎌八幡の御守をする

ご神木の鎌八幡。近くには自然に抜け落ちた
たくさんの鎌が積まれている。

ことによって維持されていた圓珠庵も、明治時代に起こった神仏分離令のあおりを受けて潰されてしまいそうになりますが、国学者として権威のあった契沖の存在により免れます。

　契沖の死後もさまざまな困難を乗り越え、時代とともに変化しながら、代々圓珠庵の住職たちが鎌八幡を守り、令和となった現在まで続いているのです。

　鎌八幡は現在、国の史跡とされていますが、公的機関からの補助は一切受けず、ご住職とそのご家族で切り盛りされています。

門前に建つ石碑は、和学者・契沖の墓があることを示している。

なぜ鎌を打ち込むのか

　いつからご神木に鎌を打ち込むようになったのか、その起源には諸説あり、定かではありません。

　長野県にある諏訪大社では古来よりご神木に鎌を打ち込む習わしがあります。その流れは東北や九州でも見られるそうで、鎌八幡もその流れを汲んでいるのではないかと言われています。

特別祈祷、年間行事

　圓珠庵では悪縁断ちとして次のご祈祷を行っています。
・病根断（頭痛、喘息、癪《しゃく》など、諸病平癒）
・縁切、因縁断、悪霊断、厄払、悪運断など
　また鎌を打ち込まない連続祈祷や、鎌を打ち込む特別祈祷も実施。

　年間行事では、頭痛封じ（高血圧・中風封じ）や喘息封じ（風邪・気管支炎封じ）の祈願も行われています。ご祈祷は各種5000円～。

鎌の描かれた絵馬、鎌を模《かたど》ったお守り

　住職のお話によると、なによりも大切なのは信仰心。たとえご祈祷ができなくても、誠心誠意、心を込めて絵馬を書き、鎌八幡様に通じれば、お願いは叶うでしょう、とのこと。二本の鎌が描かれた絵馬は、鎌八幡様の正面に位置する絵馬掛け所に奉納されます。

　また、持ち歩きやすい根付（飾り紐）タイプのお守りには、鎌が模られています。悪縁を祓い、身を守る御加護を分けてもらえるのだそうです。

お寺で購入できる根付タイプのお守り（左）と、2本の鎌が描かれた絵馬（右）に思いを込めて。

「悪縁切りは幸せになるためにするもの。短い人生、楽しく幸せに生きなきゃだめなのです」

現住職　杉山《すぎやま》契光《けいこう》
先代住職　喜多《きた》妙光《みょうこう》

――ご住職のお母様が、先代のご住職なのですか?

住職　そうです。今は私が住職を引き継いでいますが、縁切りに関するご祈祷は今でも先代住職が主にしてくださっています。先代住職の前は、亡くなった父が住職を務めておりました。

――頭痛封じや喘息封じなどのご祈願がありますが、病根断ちのお悩みが多いのでしょうか?

先代住職　昔は特に病気のお悩みが多かったのですが、今は医学が発達したので、対人関係のお悩みと半々くらいですね。戦前には芸妓さんたちが「しつこいお客さんと縁を切りたい」と言って来ることも多かったようですが、最近一番多く感じるのは職場関係のお悩みです。パワハラやセクハラといった類です。時代とともに切りたい縁も変わっていきます。

――どんなお悩みでも、ご祈祷していただけるのでしょうか?

先代住職　お断りさせていただくこともありますよ。私は、ご祈祷では線引きをさせてもらっています。

　夫婦の縁切りは、当事者のどちらかが来ないとできませんと言っています。他人が夫婦の離婚を願うご祈祷はできません。

　あとは旦那さんと別れたいという奥さんが来ても、とめることもあります。たとえば暴力、これは身体が傷つきますから、すぐに別れたほうがいい。精神的暴力も心が怪我をしますから、早く別れたほうがいい。でもそうではない場合、感情的になってお寺に駆け込んで来るけれども、「本当に旦那さんと別れて暮らしていけるの?」と聞きます。

　一生懸命ご祈祷して別れたとしても、結局その人の人生が立ち行かなくなるのでは、意味がないですから。短い人生、楽しく幸せに生きなきゃだめなんですよ。病気なら、早くセカンドオピニオンに行きなさいと言います。3時間くらい話し込んでしまって、住職に叱られることもあります。

――家族と縁を切りたいというお願いはありますか?

先代住職　子どもが親と縁を切りたい場合にはご祈祷します。でも親が子どもと縁を切りたいというのはお断りします。自分が産んだ子どもが嫌になったからといって神様に縁切りをお願いするなどということはできません。

誤ったご祈祷をしたら神様に叱られてしまいますから。私は責任を取れませんよと、きちんとお話しをしてお断りしているのです。「ご祈祷料の分、効果がありますか？」と聞かれたときも断りますよ。自分が困っているから神仏にすがってお願い事をするのに、効果もへったくれもないでしょう。

神様はすごく大きな力をお持ちだから、お金を払った分だけ自分に力を使ってくれるだろう、と勘違いしている人がいますが、神様を使える人間なんていません。「あなた、安倍晴明みたいに修行したのですか？」と聞きたくなりますよ。

ご祈祷をお断りするときには、絵馬を書いてくださいと言っています。絵馬には何を書いても自由で、そのお願いを叶えるかどうかは鎌八幡様のご判断です。私がやっているご祈祷は、受け継ぎのようなもの。初めて会う人がお願いするよりも、ずっとお仕えしている人間が祈ったほうが神様も聞いてくれる、という感覚です。大切なのは信心なので、思いが通じれば、絵馬を書くだけでもちゃんと願いは叶いますよ。

——「境内全域撮影禁止」と強く書かれていますが、その理由は？

住職　最近は、人の絵馬を勝手に読んで笑って帰ったり、あろうことか写真を撮ってSNSに流したりと、信じられないようなことが続いたので、すべて禁止にしました。

先代住職　絵馬というのは、人の裸の心なんですよ。絵馬を覗くというのは、人のお風呂を覗くのと一緒です。注意して言い返されることもありますけど、一生懸命お参りした人の心を守るのも私たちの仕事です。縁あってこのお寺へお参りに来てくださった方の心を踏みにじることはできません。

——そもそも縁とはなんでしょうか？

先代住職　そうですね……縁は良いものでもあるし、悪いものでもあるし、きれいなものでもあるし、汚いものでもあるし。病気との縁なんてないほうがいいからわかりやすいですけれど、家族の縁は良くても悪くても容易に切れるものでもないし、立場によっても変わるものですよね。

住職　私は、縁とは紐のようなものなのではないかと思っています。良い方向に引っ張ってくれる縁もあれば、悪い方向にグッと引っ張られることもある。健全な縁であればゴム紐のように伸びたり縮んだりしますが、ガチガチに固まって執着してくる縁もある。ストーカーなどは、こちらが遠ざけようとしても離れてくれないですよね。だから、切らねばならなかったり、結ばれたりするのではないでしょうか。

——自分では切れないから、縁切りを祈願するのですよね。

先代住職　私から言わせていただくとね、一番大事なのは生き様なんです。その人がどんなふうに生きて、どうして今ここにいるのか。それがきちんとしていれば、お賽銭をあげて手を合わ

二人で力を合わせてお寺を切り盛りする、
喜多妙光先代住職（左）と杉山契光現住職（右）。

せるだけでも、結構成就するものです。

ところが、ちゃんとした生き方というのは、人間の世界では損をすることばっかりでしょ？　誠実に生きれば生きるほど人に利用されてしまうこともあります。適当にあっちにもこっちにも良い顔をしている人のほうが、ずっと得しますよ。

だけど、いざ神仏のお力をお借りしようと思ったときに、生き様によってすごく差が出ます。入りやすいというか、受け取りやすいというか。それは鎌八幡様だけじゃなくて、他の神様や仏様も一緒だと思ってます。だから、日々誠実に生きることが大切なんです。でも、やりすぎると疲れちゃいますから。ほどほどに。

仏教には「中庸（ちゅうよう）」という精神があります。ほどほどが一番良いよ、という意味です。ほどほどに汚くてもいいし、ほどほどにきれいにして、ほどほどにやっているのがいいんじゃないか。自分があまりに潔癖になりすぎたら結局、周りの人間関係がボロボロになって、立ち行かなくなって、落ち込んでしまうと病気もするし。関わる人みんなを不幸にしてしまう。

だから、ほどほどに生きるのが良いんじゃないかなというのが、71歳のおばあちゃん……私の考えですね。

ご祭神

鎌八幡

データ

【住所】大阪府大阪市天王寺区空清町 4-2

【電話】06-6761-3691

【アクセス】大阪メトロ谷町線「谷町六丁目駅」③番出口より徒歩15分／JR環状線「玉造駅」北出口より徒歩15分

【公式 HP】

※境内全域撮影禁止

京都・東山

安井金比羅宮《やすいこんぴらぐう》

神の力が注がれる穴をくぐり
悪縁切りと良縁結びを願う
古《いにしえ》より続く断ち物の祈願所

人で賑わう縁切り神社

八坂神社や円山公園など、観光客で賑わいを見せる祇園四条。京都屈指の花街として知られる通りも、早朝には人通りが少なく、静かに建ち並ぶ京町屋の風情に心癒されます。

京阪本線、祇園四条駅から10分ほど歩けば、「悪縁を切り、良縁を結ぶ祈願所」と書かれた安井金比羅宮の鳥居が見えてきます。

出迎えてくれるのは、石の鳥居。柱が円形ではなく四角形をした珍しいタイプで、「角鳥居」という。

編集部が訪れたのは真冬の午前8時。まだ授与所は開かれていませんが、境内にはすでに参拝客の姿が。

寒空の下、真っ白な作務衣《さむえ》に身を包み黙々と本殿の拭き掃除をする権禰宜《ごんねぎ》さん。改めて、人の手によって大切に守られ、受け継がれてきた伝統ある神社なのだと背筋を正します。

灯籠に描かれた「丸に金字紋」と「八雲紋」のご神紋。

ご祭神、崇徳天皇

第38代天智天皇（中大兄皇子）の御代《みよ》であった飛鳥時代後期、大化の改新でも知られる貴族、藤原鎌足（ふじわらのかまたり）が一堂を創建し、子孫の武運長久を祈願したことが始まりだと伝えられています。鎌足がここに紫色の藤を植えたことから、藤寺と呼ばれ庶民からも愛されていました。

時は移り、平安後期（１１４６年）。その藤を大変に気に入っていた第75代崇徳天皇（すとくてんのう）は、寵姫《ちょうき》の阿波内侍（あわのないし）を藤寺ゆかりのこの地に住まわせました。

その後、保元の乱（１１５６年）に敗れた崇徳上皇は讃岐の地（現在の香川県）へと流され、その場所で崩御。残された阿波内侍は出家し、上皇より賜った御真影と御遺髪を堂内にお祀りしたことから現在、崇徳天皇がご祭神となったのです。

その後、治承元年（１１７７年）、

本殿の前に建つ拝殿。拝殿とは、本殿を拝するための社殿のこと。本殿が神のための建物だとしたら、拝殿は人のための建物。終日参拝可能。

大円法師（だいえんほうし）が御堂を参拝すると、そこに崇徳天皇の霊が現れました。一説では、無念のうちに死を遂げた崇徳天皇の想いが怨念となり、この地へ戻ったと言われています。

なぜ、縁切り・縁結びなのか

配流《はいる》となった崇徳天皇が讃岐の金刀比羅宮（ことひらぐう）に籠り、すべての欲を断ち切ったことから、所縁のあるこの地も崇徳天皇のご利益があると、縁切りの祈願所として信仰されるようになりました。

また、戦によって阿波内侍と離れ離れになってしまった崇徳天皇の悲しみは深く、「想い合う者同士が、自分のように不遇な別れをせぬように」と、恋人同士の妨げとなる悪縁を断ち切り、良縁を結ぶ神様となり、人々に知られるようになりました。

そして明治維新により寺院部分が廃され、ご祭神を祀る社殿が残り、現在の安井金比羅宮となったのです。

お札に埋もれた縁切り縁結び碑。中央の穴をくぐることによってご利益が得られるとされる。

縁切り縁結び碑

安井金比羅宮の象徴といえば、昭和55年に建立された縁切り縁結び碑です。高さ1・5メートル、幅3メートルの絵馬のような形をした巨石には、中央に大人が一人やっと通れるほどの小さな穴が。神様の力は、中央の亀裂を通じて穴に注がれます。碑を覆い隠すようにびっしりと貼りつけられているのは、参拝者たちが願いを込めたお札です。

碑の周りには穴をくぐるために人が集まり、休日には行列になることも。

なぜ、縁切りと縁結びを同時に行うのか。鳥居宮司は、こう話します。

「縁切りと縁結びは、どちらか一つでは成り立ちません。悪縁と良縁は表裏一体。縁を表から見て、裏からも見ることが大切なのです。たとえば病気との縁切りをお願いしたときには、健康という良縁をご利益として願っているのです。どちらか一方ではなく、二つのお願いを神様にお伝えください」

祈願の方法

① まずはご本殿に参拝する。

② 「形代《かたしろ》（お札）」に切りたい縁・結びたい縁などの願い事を書く。

③ 形代を持ち、願い事を念じながら、碑の表側から裏側へ穴をくぐる。これで悪縁を切る。

④ 続いて裏から表へ向かって再び穴をくぐり、良縁を結ぶ。

⑤ 最後に形代を碑に貼る。

昇殿祈祷、お守り

安井金比羅宮では、悪縁切り、良縁祈願をはじめ病気平癒、厄除けなどのご祈祷も行えます（ご祈祷には電話予約が必須。6000円〜）。やむを得ない事情で来宮が困難な方へは、郵送でのご祈祷や、悪縁切守と縁結守に限って郵送授与も行っています。

お守りいろいろ。左から、縁切りと縁結びセット、絵馬がモチーフの悪縁切り、2色の悪縁切り。

行列のできる縁みくじ

平日の午前から人が集まり、列ができるほど人気なのが、縁みくじです。昔ながらのスタイルで、引いた棒に書かれた番号を受付の人に伝え、おみくじをもらいます。

おみくじに書かれた「悪縁度」は、自分が関わっている人の縁や仕事の縁など、すべての縁の良い悪いをわかりやすくパーセンテージで表したもの。数字が大きい人は、悪縁に結ばれないようご注意ください……。

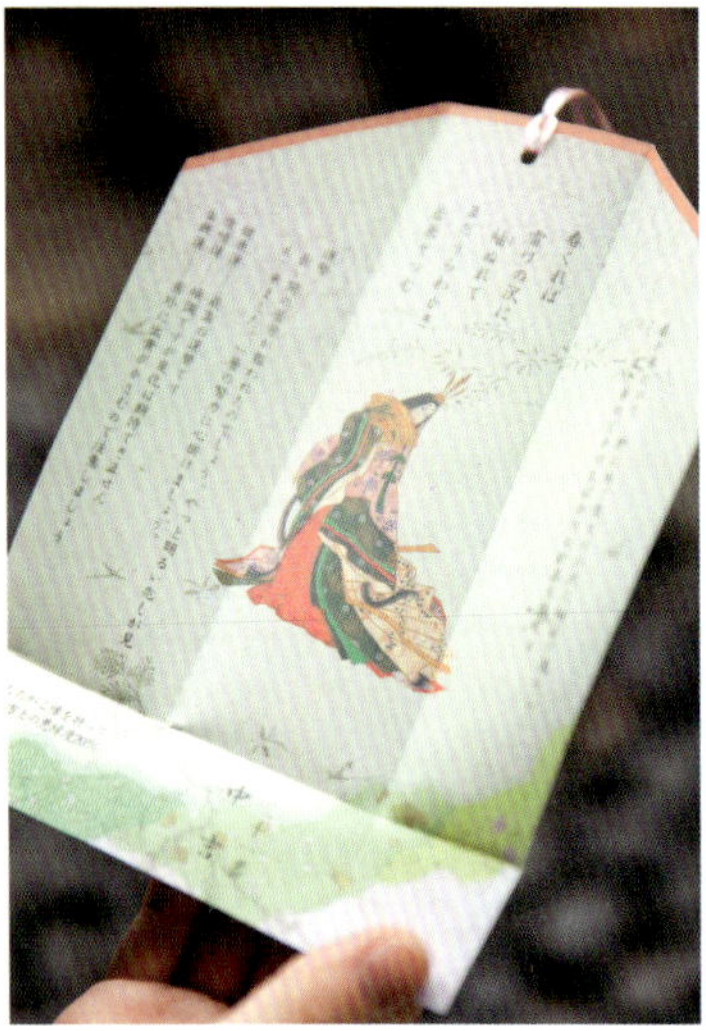

縁みくじ。悪縁度の他、健康運、愛情運、金銭運などが書かれている。

黒筒の「おみくじ」と、茶筒の「縁みくじ」の2種類がある。

「縁とは、神様が示す道のようなもの。欲や執着が正しい道を見えなくさせます」

宮司　鳥居《とりい》　肇《はじめ》

——縁切りというと、恨みのこもったイメージを持つ方も多いと思うのですが、そうしたお願いは多いですか？

　これは縁切りに限ったことではないですが、人を不幸にするようなお願いはいけません。あの人が事故に遭うように、などといったことをお願いすることは自由ですが、願ったところで神様がそのような願いをお聞きになることはないでしょう。

——たとえば、不倫をしている女性が、男性が妻と別れるように願うのは、不幸を願っていることになりますか？

　夫婦が別れるかどうかは別として、それは不幸を願っていることだとは思いません。まず悪縁なのか良縁なのかは、ハッキリとわかることではないんです。

——悪縁か良縁かはわからない？

　はい。これから先、続いていく人生のなかで、必ずしも今の苦痛が「悪縁」なのか、今欲しているものが「良縁」なのかは、簡単にはわかりません。

　夫婦の離婚を望む女性の話の場合、その男性と妻の間に結ばれている縁が、男性にとっても妻にとっても悪い縁であった場合、女性の願い通りに夫婦が別れることもあるでしょう。しかしそれは、悪いお願いが叶ったということではありません。結果として3人ともが幸せになるのであれば、悪縁が切れ、良縁が結ばれたということです。

　反対に、夫婦が別れるように願ったのに、男性が自分から離れてしまうこともあります。そのとき、神様は私のお願いを聞いてくれなかった、と思うかもしれませんが、そうではない。神様は大きな視座でものを見て、良縁へ導く道を示してくださっています。

——成就というのは、自分の思い描いた通りになることではない？

　そうですね。神様は必ず、なにかしらの道を示してくださっています。素直に受け取る心があれば良い方向へ進むと思いますが、どうしても欲や恨み

参拝客にも気を配りながら、こまかな質問にも優しく答える鳥居宮司。

があるので、神様のお示しになる道を見つけられずに、いつまでも執着して迷ってしまう。そこから抜け出していただきたい。
　まれに、「縁切りをお願いしたんですが、心が変わったので願いを取り下げてください」と相談されることがあります。

——一度神様にしたお願いを取り下げることはできるでしょうか?

　そもそも、間違ったお願いではないのです。お参りのあとで心変わりをしたということは、その人との縁が繋がれたという、お参りの結果です。

——やはり、自分本位になってしまうのはよくないですね。

　欲も恨みも、自分本位なものです。恨み事の願いは、結果として自分自身を不幸にします。

——自分の願いで不幸になる?

　たとえば、離婚されたご夫婦がいたとします。離婚の理由が夫の浮気だったとして、元の妻は離婚に納得している。ただ妻の気持ちとして、夫が幸せになるのは許せない。だから、自分はもう関係がないのにもかかわらず、「別れた夫と新しい女性との縁を切ってください」とお願いをする。このお願いは、誰の幸せも望まず、不幸を願っているだけの行為。それが「恨み」というものです。
　そもそも、なんのために神様に願うのか。それは自分や、誰かが幸せになってほしいという想いがあるからです。元妻は、望んで別れたはずの夫だけでなく、まだ見ぬ女性までも、「執着」という形で自らの心に残したままにしています。
　しかしそれは、自分自身が苦しむだけではないでしょうか。
　それよりも、自分の心を支配する執着と縁が切れるようにお願いをしたほうがいいでしょう。別れた人はどこかで幸せになり、自分にも新たな幸せが訪れる。

本殿は崇徳天皇、大物主神、源頼政公が祀られている。

つまり縁切りとは、幸せになるために行うものなのです。

——そもそも縁とはなんでしょうか?

神様が示してくださる道のようなものでしょうね。良い方向へ進めるかどうかは神様ではなく、自分次第です。恨み、怒り、怠けといったマイナスの思考があると、道を見失いやすいもの。

私が大切だと思っているのは、「神様がお願いを叶えてくれるような自分になる」ということ。病気を治してくださいとお願いしたあとで、不規則な食事を続けて怠けた生活をしていたら、神様はどう感じるでしょうか。

かといって、信仰心をなくして一生懸命に努力だけしても、自分のことしか見えなくなってしまう。信仰心と努力、どちらも欠けてはいけないものなのです。

やれることはやったから、あとは神様が何とかしてくださいと投げ出してしまうのも、「苦しいときの神頼み」に過ぎません。

——縁切り縁結びのお願い事がない人が、観光でこちらに立ち寄るのはよくないことでしょうか?

観光目的でお越しいただいてもかまいません。修学旅行もそうですが、物見遊山で神社へ行ったり、近所の氏神様にご挨拶をしたり、気軽な気持ちでお越しいただくことは、当宮ではまったくもって問題ございません。神道とは本来、広く自由に信仰を受け入れる宗教でもありますから。

ただ、いらした際には御本殿にお参りはしてくださいね。少しでも神様のお力を感じて、楽しんでお帰りになっていただけたら幸いです。

「マイナス思考を捨てていけば、自然と進むべき道は見えてくるはず」と語る鳥居宮司。

ご祭神

崇徳天皇、大物主神、源頼政公

データ

【住所】京都府京都市東山区下弁天町 70

【電話】075-561-5127

【アクセス】京都市バス「東山安井」下車徒歩1分/京阪本線「祇園四条駅」より徒歩 10 分/阪急京都線「京都河原町駅」より徒歩 15 分

【公式 HP】

京都・二条

浄土宗 清水山《せいすいざん》 洗心院《せんしんいん》 法雲寺《ほううんじ》

菊野大明神《きくのだいみょうじん》

命がけの恋により宿った悪縁を断ち切り良縁を結ぶ神様

百夜《ももよ》通《がよ》い伝説の深草少将が腰掛けた御霊石

京都は河原町二条の街中。有名ホテルや銀行、市役所などが建ち並ぶ大通りのなかほどに、姿を潜めるようにして法雲寺の山門はあります。

境内には阿弥陀如来像が安置された本堂が建ち、その一角に「菊野大明神参拝入口」という控えめな看板。看板横の扉をくぐると、悪縁切りの神様である菊野大明神と豊川大明神の二柱の神様が祀られています。

法雲寺と菊野大明神との歴史は古く、平安時代までさかのぼります。

その昔、現在の京都駅から少し北へ上がったところに曇華院（どんげいいん）というお寺があり、お寺の前に石がありました。この石には逸話があります。

当時、絶世の美女と言われた小野小町に想いを寄せていた深草少将（ふかくさのしょうしょう）。しかし、小野小町は容易に気持ちを受け入れてはくれません。むしろ、深草少将から届く恋文を煩わしく感じていたようで、「私のもとへ百夜通い続けてくれたならば、あなたの心に従いましょう」と条件を言い渡します。

深草少将はめげません。募る恋心を成就させるべく、小野小町の要望通りに百夜通いを始めます。その際、疲れた深草少将が腰かけて束の間の休息をとったのが、曇華院の前の石でした。

そして長い苦労の末、大雪に見舞わ

境内の右奥にある「菊野大明神」への参拝入口。

れた99日目の夜、深草少将は疲労と寒さにより道中で力尽き、凍死してしまいます。百夜通いの最中に何度も腰掛けた石には、非業の死を遂げた深草少将の念が籠り、婚礼の行列が石の前を通るとたちまち結婚が破談になる、との言い伝えが生まれました。その石こそが、菊野大明神のご霊石です。

　どのようなご縁でご霊石が法雲寺へやってきたのか、その経緯は定かではありませんが、あるとき、一人の山伏《やまぶし》が法雲寺にやって来て、「ここにある石を粗末にしておいてはいけません。敷地内の東南角にお祀りしなさい」と言って立ち去ったと、お寺の記録に残されているそうです。

　山伏の言葉通りにご霊石を祀ってからというもの、「菊野大明神様にお参りをすると、悪縁が切れる」と評判になりました。その噂を聞きつけ、祇園の舞妓たちがこっそりと菊野大明神へお参りに来るようになりました。

　評判は地域に根づき、「離婚裁判をするよりも菊野大明神様にお参りをしたほうが早い」という言説さえ生まれたそうです。

　現在では男性の参拝客も増え、男女の縁のみならず、職場の人間関係やいじめ、病気など、諸悪との縁切りにご利益があると言われています。

自分自身を見つめ直す、特別な空間

　菊野大明神のご霊石はお堂の内に祀られています。昼間でも静けさに包ま

夏でも少しひんやりとした本堂。

自ら思いを込めてかわらけを叩き割り、悪縁を払う。

れ、厳かに鎮座する本尊を照らすように、お堂内にはたくさんの赤い提灯が並んでいます。

菊野大明神の前で正座をして目を閉じると、恨みや怒りなどの感情が不思議と落ち着き、自分自身を見つめ直すことができるでしょう。

かわらけ割り

菊野大明神といえば、かわらけ割りでも有名です。かわらけとは、釉《うわぐすり》を塗らずに焼いた素焼きの土器のこと。小さなお皿のような形で、神事式典などでお酒を入れて使用されます。

その昔、かわらけを、自分の厄を憑りつかせた身代わりとみなし、破砕することで厄払いをしていた風習が由来となっています。

かわらけに願いを書き、叩き割ると悪縁が切れ、また割らずに三方（台のついたお盆）の上に納めれば、良縁が結ばれるとのこと。

菊野大明神の参拝方法は次の通り。

菊野大明神の参拝方法

① まずは手水舎で手を清める。

② ロウソク・お線香に火を点け、お供えする（ロウソク、お線香は受付で販売）。

③ 菊野大明神様にお参り（2拝2拍手1拝）をしてから、お堂のなかを時計回りに進む。

④ かわらけに願い事を書き込む。

⑤【悪縁切りの場合】外に置かれた厄払いの石にかわらけを置き、木づちで叩き割る。【良縁祈願の場合】三方の上にかわらけをお納めする。

⑥ 豊川大明神にもお参りする。

おみくじは無料だが、お賽銭として気持ちを表していく参拝客も少なくない。

セットを購入して、いざ、参拝！

受付では、ロウソク2本・お線香2本・かわらけ・お焚き上げ用の護摩木1枚が入った「参拝セット」が販売されています。

護摩木は「縁切祈願」「良縁祈願」「厄難消除」「当病平癒」の4種類から選べます。

また、堂内にはお守りの展示の他、おみくじもあります。

「神様に自分自身の気持ちを一生懸命お伝えすることが、心願成就の第一歩です」

法雲寺 住職

——縁を切る、とはどういうことでしょうか？

悪縁切りというのは、人間が生きることに密接した、自然なことだと捉えています。

縁切りを呪術のように想像する方がいらっしゃるのですが、そうではありません。たとえば食事にしても、栄養を摂るばかりではいられないですよね。きちんと排泄をしなければ、良いものを身体に吸収して循環していくことはできません。形の見えない「縁」というものを言葉でご説明するのはすごく難しいのですが、悪いものを出して良いものを入れる、つまり、悪縁を切って良縁を結ぶ、とお考えいただけたら、わかりやすいかもしれません。

——確かに、身近に感じられます。

そうですよね。ただそれは、私利私欲で物事を選り分けて、嫌なものを排除し、好きなものだけを引き寄せる、ということとは違います。

「嫌いな人を消してください」というようなお願いは、悪縁切りではなく、ただの恨み言です。お願いしても成就は難しいでしょう。

——「縁切りといえば菊野大明神」と評判ですが、昔から縁切り寺として知られていたのでしょうか？

古くから、地元の方々にはそのように信仰していただいていたと思います。しかし我々から大々的に縁切り寺とうたっていたことはないのです。当寺は浄土宗の知恩院派のお寺ですので、縁切りのご祈祷や、お悩みをお聞きすることもしていません。

インターネットが普及していなかった時代には、ご存じの方もごく一部だったと思います。それが、口コミでどんどん拡がっていきまして、「日本の三大縁切り寺」といったふうに書かれた記事を拝見したときには、驚きました。

——参拝する際の心得として、大切にするべきことはありますか？

わざわざ言うまでもないようなことかもしれませんが、神様を大切に、丁寧に接していただくことでしょうか。近くにいたらご挨拶をするとか、なにかをしていただいたらお礼をするとか、いつも大切な人にしているごく当たり前のことを、神様にもなさってください。

そして当寺では、基本的に足を運んでお参りをしていただいています。郵送やお電話での代参は対応しておりません。直接、菊野大明神様の前に腰を下ろして、ご自身のお気持ちや状況を神様に一生懸命お伝えすることが、心願成就の第一歩だと考えております。

――他人の縁を切りたい、というお願いも許されるのでしょうか？

あの人とあの人の仲が良いのが妬ましいから縁を切りたい、というのは理に反することなので、成就は難しいかもしれません。

とはいえ、たとえば母と病気の縁を切りたい、というのも他人の縁を切りたいお願いですよね。それは自分勝手な私利私欲で縁を動かそうとすることとは違います。

ただ、すべてのご判断は神様がなさることなので、私たちはどうこう言えません。どのようなお願いも、どのようなお参りも自由です。

当寺で行う護摩木供養では、一本一本読み上げて供養をしています。なかには、思わず口ごもってしまうような内容が書かれていることもあります。

本当に神様に伝えるべき内容なのか、このお願い事で本当に誰かが幸せになるのか、神様に語りかける前に、自分自身に問いかけてみるのも大切かもしれません。

――ネット記事で「効果絶大！」という一文を見たのですが……。

正直申しまして、私たちにも疑問です。「ここの縁切りは効き目がありますか？」というご質問をいただくことがありますが、神様は鎮痛剤や風邪薬ではありません。人間が便利に使える存在ではありませんので、縁切りも縁結びも、効果効能を言うものではないのです。

私たちはよく「呼ばれている」という表現をします。「別の場所へ行く予定だったけど、どうしてもここが気になって、来た途端に涙が出た」と仰る方がいました。そういう方はきっと、菊野大明神様に呼ばれていたのだと思います。

反対に「ここでは気持ちが落ち着かず、別の場所へ行きました」と仰る方もいます。その方はきっと、また別の場所から呼ばれていたのでしょう。どちらも自然な成り行きです。

心からお参りをして、神様が必要だとご判断されたときには、お願い事が成就するはずです。心安らかなお気持ちで自分自身を見つめ直すことが、悪縁を切り、良縁を結ぶ大きな一歩になると、私たちは思っております。

ご本尊

阿弥陀如来

データ

【住所】京都府京都市中京区河原町通二条上る清水町 364-1

【電話】075-241-2331

【アクセス】京都市営地下鉄東西線「京都市役所前駅」より徒歩約5分

※お堂内撮影禁止

京都・伏見

日蓮宗

元政庵《げんせいあん》瑞光寺《ずいこうじ》

武士道から仏道への転身 生涯をかけて縁を切り拓いた 文人僧のお寺

瑞光寺の山門。左前に建つ石碑には「不許酒肉五辛入門」と刻まれている。

日蓮宗の基盤を築いた元政上人《げんせいしょうにん》

稲荷山の南麓に広がる町、京都深草。門前には「不許酒肉五辛入門（酒・肉・葫《にんにく》・韮《にら》・薤《らっきょう》・葱《ねぎ》・蘭葱《ひる》を口にした者の入門を禁ずる）」と刻印された石碑が建っています。多くの名所旧跡が残るその場所に、元政上人が開いた修行寺、瑞光寺があります。

江戸時代初期、日蓮宗の基盤をつくった人物として知られる元政上人は、宗学者、教育者として大きな功績を遺しながら、詩人・文人としても活躍していました。

本堂に安置されている元政上人の像。

武士道との縁切り

元和9年（1623年）、元政上人は毛利家の家臣である石井家の五男として生まれました。長男は井伊直孝（いいなおたか）に仕え、長女は直孝の側室でした。13歳で直孝の近侍となった元政上人は、19歳のときに主君に従って江戸へ出ますが、病により身体を壊し、京都へ戻ります。

そして母親とともに当病平癒のお参りのため泉洲和気（現在の大阪）の妙泉寺へ。祖師である日蓮聖人の像を拝んだ元政上人は次の三つの誓いを立てました。

・出家をする
・父母に孝養を尽くす
・天台三大部を読了する

この誓いとともに武士道との縁を切り、仏道に進むことを決意します。

そうして京都の深草に瑞光寺を開いた元政上人は、お寺の傍に高齢者のための養寿庵を設け、母親を住まわせて孝養を尽くしました。

元政上人の母は長命で87歳まで生きましたが、元政上人は母親が亡くなった翌年、46歳でその生涯を閉じました。

縁切り・縁結びを元政上人の御廟（三本竹の墓）に願う

瑞光寺から線路を挟んだすぐ傍に、元政上人のお墓（御廟所）があります。盛り土に三本の竹を植えただけの質素なお墓は、清貧に生きた元政上人の人柄を象徴するかのようです。遺命によって植えられた三本の竹には、次のような意味が込められました。

一本は、法華経が広まるため
一本は、すべての人を救うため
一本は、両親のため

また元政上人は、
「自分の死後、このお寺が立ち行かなくなったら、三本の竹を抜いて畑にしてください」
と弟子たちに言い残し、この世を去りました。どこまでも他人を想い、修業に励んだ人生でした。

元政上人　御廟所（ごびょうしょ）

そして瑞光寺の言い伝えでは、元政上人のお墓でお百度参りをすると縁切り・縁結びの願いが叶うとされています。

縁結びを願う場合は、百日間お墓の周りを時計回りに年齢の数だけ回り、縁切りを願う場合は年齢の数だけ反対に回ります。それによってご利益が訪れた場合には、さらに続けて三週間（21日間）お参りをしなければなりません。大変な時間と忍耐力を使いますが、縁切り・縁結びを願うということは、それだけ覚悟の要ることだと、瑞光寺のご住職は語ります。

茅葺屋根《かやぶきやね》の寂音堂《じゃくおんどう》

瑞光寺といえば、日本昔話に登場するような茅葺屋根の本堂が印象的です。丸みを帯びた屋根の形はどこか温かみがあり、春にはしだれ桜とソメイ

総茅葺屋根の本堂の前には、日蓮宗の総本山としても知られる身延山から株分けされたしだれ桜の木。春には観光客が多く訪れる。

体内に五臓六腑を収めた珍しい釈迦如来坐像。

ヨシノが咲き、参拝客で賑わいます。

寂音堂と名のつく堂内の中央に祀られているのは、体内に五臓六腑を持つ珍しい釈迦如来坐像です。

釈迦如来坐像の奥には、元政上人とご両親の像も祀られています。

元政上人考案の「深草うちわ」

江戸時代から実用性のある京みやげとして人気が高かったのが、深草うちわです。花鳥風月や季節の草花などの絵柄が描かれ、風流を楽しむものとして愛されていました。京都の花街では今でも夏になると、芸妓や舞妓の名前が書かれた「京丸うちわ」を配りますが、深草うちわの流れを汲んだものだと言われています。

その昔、深草の町は竹藪が多く、暑くて蚊も多い場所でした。そこで、両親へ少しでも涼しい風を送るために考案されたのが、深草うちわだそうです。親孝行な元政上人ならではの逸話です。

元政上人直筆の文字が入った深草うちわ。

「金運」の白龍銭洗弁財天《はくりゅうぜにあらいべんざいてん》

境内には法華経守護の三十三番神社の他、白龍銭洗弁財天も祀られています。ザルにお金を入れ、龍神様のご神体から流れる水でお金を洗い、浄財袋に入れて持ち歩くことによって財運・金銭運の幸運を授かることができるとされています。

「自らの罪障《ざいしょう》を懺悔し、許されれば、悪縁切りは叶うでしょう」

住職　川口智康《かわぐちちこう》
副住職　川口智徳《かわぐちちとく》

—なぜ、元政上人のお墓でお百度参りをすると縁切り・縁結びが叶うのでしょうか？

副住職　これはご祈祷の際に必ず言うことなのですが、元政上人が皆さんの縁切りや縁結びを叶えてくれるわけではなく、私たち僧侶が叶えるわけでもありません。縁切りと縁結びを成就させるのはあくまで祈願者ご本人です。お百度参りをすることによって叶えてもらうのではなく、元政上人のお力をお借りして、背中を押してもらうのです。

—元政上人のお力を借りる？

住職　元政上人という人を知らなければ、お参りについてもわからないかもしれません。

元政上人の人生について語る川口智康住職。

元政上人は、武士の家に生まれながら身体が弱く、勉強や詩を書くことが好きな人でした。妙泉寺で三つの誓いを立てたその年に、京都の泉涌寺《せんにゅうじ》で法華経の講義を聴講し、いよいよお坊さんになることを決心します。俗世を捨てるのはただでさえ困難なことですが、武士の家系から仏道に入るのはさらに大変だったと思います。

身体が弱いため修行についていくことに苦労しながら、それでもお釈迦様の弟子として朝から晩まで修行に徹しました。元政上人のような生き方ができるお坊さんはこの世に一人としていないと言われています。

元政上人が詠んだ歌で、このようなものがあります。

「一タビ延山ニ登リテ心愈々《いよいよ》悲シ」

初めて身延山に登って心がいよいよ悲しくなった、という歌です。

「お釈迦様が亡くなって千年以上も経ってから、師匠である日蓮聖人と自分は生まれた。しかし同じ末法の世に生まれたというのに、日蓮聖人と自分は生きる時代が違い、会うことができない。もし日蓮聖人に会うことができたら今すぐにでも教えを乞うのに。四百年後に生まれてしまった自分が悲しい」という、師匠を想った慈悲の歌です。元政上人は誰にも真似できないような厳しい修行生活をしながらも、自らの罪障を問い続ける人でした。

縁について語る川口智徳副住職。

――罪障とは？

副住職　成仏の妨げとなる、自分が犯した罪のことです。不幸が起こっているのは、自らが犯した罪のせいだと罪障を懺悔し、修行し続けるのが大切です。不幸を他人や自然のせいにしたり、そういったことはしない。

住職　元政上人は罪障懺悔を繰り返しながら、生涯をかけて仏道の道を切り拓きました。つまり、縁切りも縁結びも自分がやらないといけないことなのです。

　縁切りを祈願しなければならないような不幸な状況というのは、自分が知らず知らずのうちに重ねた罪によって起こっている。言わなくてもいいことを言ってしまったり、怒り・欲・愚痴といった三毒を抑えられなかったり。自分だけが被害者でかわいそうだという気持ちばかりではいけない。もしかしたら相手の迷惑になったり、傷つけたりもしているかもしれない。

　だから元政上人のお墓を回って、自分の罪障を懺悔する。悪縁になってしまった自らの罪を悔いて、罪障が許されれば、縁切りも叶うでしょう。

――悪いことばかり起きるから元政上人の力を借りよう、ではなく、自分で自分の罪を見つけないといけない。

住職　そうです。だから、縁切りも縁結びも自分にしかできないのです。

副住職　ご祈祷も、あくまで仏様のお力をお借りしてサポートするような修行です。自覚も意思もない人をサポートすることはできません。

――そもそも、縁とはなんでしょうか？

副住職　人と人との見えない繋がりのことだと思います。仏教用語で「知恩報恩（ちおんほうおん）」という言葉があります。恩を受けていることを知り、恩に報いるという意味です。

　まずは「縁そのもの」に感謝をして、報いることが大切です。

本堂奥に安置されている元政上人の母の像。

――嫌な縁にも感謝をすべきだと。

副住職　そうですね。一見悪い人のようでも、自分にとってなにかを気づかせてくれる良い人だと思う。あの上司は私にうるさいことばかり言って嫌だなと思うけれど、でもその上司がいるから今の私がいて、私を気にかけているから過度にうるさくなっているのかもしれない。縁というものは、見方を変えると悪縁にも良縁にもなるものです。

住職　元政上人は、常に両親への感謝を忘れない人でした。赤ん坊のときは歩けなかった自分がここまで大きくなったのは両親のおかげです。親との縁、他人との縁、仕事との縁、常に感謝の心を忘れず、傲慢になることなく誠実に生きれば、悪縁を良縁に変えることもできるでしょう。

ご本尊

釈迦如来

データ

【住所】京都府京都市伏見区深草坊町4

【電話】075-641-1704

【アクセス】JR奈良線「稲荷駅」より徒歩15分／京阪本線「深草駅」より徒歩10分

【公式HP】

奈良・高畑町

南都《なんと》春日山《しゅんにちさん》 不空院《ふくういん》

煩悩を燃やし
悪縁を断ち切る
空海ゆかりの駆込み寺

弘法大師・空海ゆかりのお寺

世界遺産の街として知られる古都奈良において、かつては春日大社に勤める多くの神職が住み、文化人にも愛された場所である高畑町《たかばたけちょう》。春日山を背に、柳生街道《やぎゅうかいどう》へと向かう「滝坂の道」の入り口付近に、不空院は佇んでいます。

奈良時代、唐より渡来した鑑真大和上（がんじんだいわじょう）の居住場所として選ばれたお寺でもあります。

平安前期には、藤原冬嗣が亡き父を供養する方法を弘法大師・空海に相談したところ、空海は興福寺に南円堂を建てることを提案。その際、南円堂の雛形として、鑑真住房跡である不空院に八角円堂を建てたと伝えられています。この八角円堂は江戸時代の大地震により倒壊しました。

現在の本堂は大正時代に再建、不空《ふくう》羂索《けんさく》観音は、鎌倉時代中興の祖・圓晴大徳（えんせいだいとく）により奉安され、本尊として祀られています。

古き良き奈良の風情が感じられる山門。

舞妓から尼僧へ、波乱の生涯を送る女性を救った寺

奈良といえば寺社仏閣の集まる厳《おごそ》かな地という印象が強い昨今ですが、戦前には花街・元林院町《がんりいんちょう》が栄え、百人以上の舞妓や芸妓が暮らしていました。この町の芸妓たちは、美と長寿そして芸事精進の祈願に不空院の弁財天女をお参りし、不幸な身の上の女性が縁切り・縁結びの祠《ほこら》に手を合わせるなどの信仰が生まれました。

その後不空院は、芸妓から僧へと転身した高岡智照尼（たかおかちしょうに）が出家得度を決意した寺としても有名になりました。

1896年、奈良県に生まれた高岡たつ子（智照の本名）は、乳児期に母親を亡くし、12歳で父親に騙されて身を売られ、「照葉《てるは》」という名で大阪の舞妓になります。10代半ばの頃、照葉は婚約が御破算になった相手への義理立てに、自らの小指を切り落とします。それが騒動となり大阪の街を追われた照葉は東京に移り新橋で芸者になりました。

その美貌は東京でも話題となり18歳で妾になるも、23歳で解消。再び戻った大阪の地で結婚し、今度はアメリカを外遊してハリウッド映画に出演するなど、波乱の人生が続きます。二度の自殺未遂やアメリカ人女性との恋愛などの末、すべてを振り払って関西に戻り、駆け込んだのがここ、不空院でした。隠居生活を送るうち、照葉は尼僧になることを決意。高岡智照という名を得て、京都の祇王寺《ぎおうじ》を再興。そこで晩年を過ごし、98歳で生涯を閉じました。

手水舎。手水とは、もともと参拝前に川の水で身を清めた「禊（みそぎ）」が風習化されたもの。

そんな高岡智照の生涯を小説『女徳《じょとく》』で描き、文学界にデビューしたのが、自らも激動の人生を歩み尼僧となった瀬戸内晴美（後の寂聴）です。

不空院はやがて駆込み寺、女人救済の寺とも呼ばれるようになっていったのです。

煩悩を燃やす護摩木のご祈祷

不空院では、真言律宗の修法を用いた加持祈祷を行っています。その一つが護摩法です。

境内には常時、ご祈祷用の護摩木（1本300円）が備えられており、開運や除災、縁切り・縁結びなどのお

願い事を書き込み、護摩木箱へ納めることができます。

納めた護摩木は毎月28日に、不空院内の護摩道場羂索庵にてお焚き上げがなされます。

「護摩」には、ものを焼くという意味があります。燃え上がる炎で護摩木を焚くことで、煩悩が焼き尽くされるのです。

そして清らかな心を得て、仏様にお願い事の成就をお祈りします。

護摩道場「羂索庵」前には護摩木や護摩木箱が置かれている。

不動三尊像が安置されている護摩道場。護摩法は、炎の神格化といえる不動明王の加持により執行される。

不空羂索観音菩薩坐像

不空院は春日大社との縁が深く、ご本尊の不空羂索観音菩薩坐像は、春日大社の第一神である武甕槌命（タケミカヅチノミコト）が変化した姿です。奈良時代、神は神鹿《しんろく》に乗って常陸の国（茨城）から春日山へやって来たのだという言い伝えから、観音像の御前には白鹿が控えています。

また、「一面三目八臂（いちめんさんもくはっぴ）」といい、顔が一つ、目が三つ、腕が八本の観音像である羂索観音菩薩像は藤原氏から深く信仰され、容易に造立することが許されなかったため、奈良県を中心に現存数はわずか10体ほどだといわれています。

額にある第三の眼は仏眼と呼ばれ、悟りを開いた者の眼です。本来、観音とは悟りを開く前の姿であるとされていますが、羂索観音菩薩坐像は仏眼を持ち、手に持った蓮の花も開いています。その不思議な姿は、「悟りを開いた力を持ちながらも、人々を救済し続けるための姿」といわれています。

不空とは「空しからず余すところなく人々に利益を施す」という意味を持ち、羂索観音菩薩坐像はあらゆるお願いを聞いてくださる仏様だと伝えられているのです。

隣同士に並ぶ「えんきりさん」と「えんむすびさん」の祠の前には、なんとも珍しい阿吽（あうん）の狸の石像が並んでいる。

えんきりさん・えんむすびさん

かねてより女人救済の寺として役割を果たしてきた不空院のご本堂の前には、三柱の神様を祀る祠が二つ、並んで建っています。その名も「えんきりさん・えんむすびさん」。「えんきりさん」には法竜大善神（ホウリュウダイゼンジン）が、「えんむすびさん」には市杵嶋姫大神（イチキシマヒメノオオカミ）と黒竜大神（コクリュウオオカミ）が祀られています。

結ぶと切るとは表裏一つのことで、「結ぶときには切らねばならぬものがあり、切ろうとするには新たに結ぶが良い」との理により、二社、隣り合わせに建っているのだそうです。

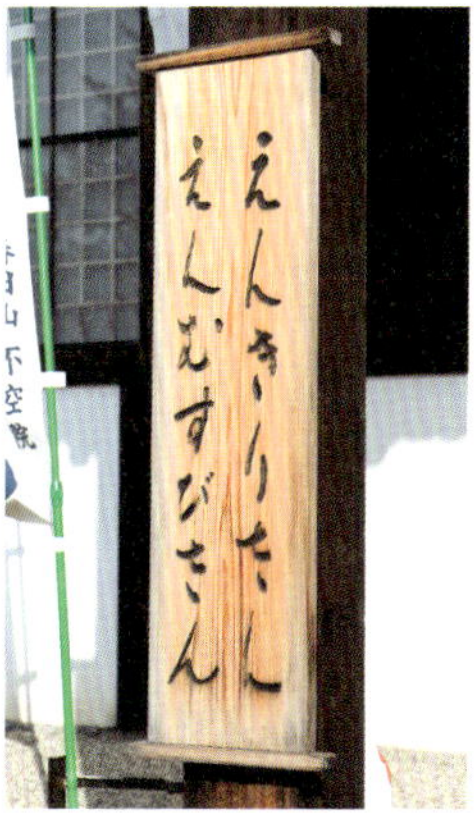

「護摩木に書いた悩みは煩悩そのもの。燃やすことによって、縁を断ち切るのです」

院主　三《み》谷《たに》真《しん》漣《れん》

——女人救済の寺としての歴史が長いようですが、現在でも女性からの相談が多いですか？

そうですね。男女関係のお悩みが多くはありますが、その他のお悩みも多いです。護摩木には実にさまざまなお悩みが書かれています。会社でのパワハラやセクハラ、借金との縁切りなどもありますね。

——護摩木を燃やすことによって縁切りができるのですか？

悪縁という悩みは、「執着」から起こります。執着とは、すなわち「煩悩」です。縁を切りたいと思っている状況は、自分自身の煩悩によって引き起こされるのです。

護摩木に悩み事を書くことによって、過去を振り返る。書かれた悩み事は自らの執着心であり、煩悩そのもの。護摩木を焚き上げることによって煩悩を焼き払い、心をリセットします。

——悪縁というのは自分が生み出した煩悩なんですね。

皆さんが行かれる初詣も同じですよ。百八つの煩悩を消滅する気持ちで除夜の鐘の音を聴き、今年もまた無事にお参りに来られていることを神様仏様に感謝する場が、初詣です。

お願い事をする場ではなく、自分の煩悩と向き合って、神様仏様に感謝をする場です。感謝によって、神様仏様のご加護があるわけですから。

——悪縁は、すべて自分自身がつくり出しているものなのですか？　抗いようのない悪縁もあるのでは……？

たとえば、病という悪縁がありますよね。病は食事が原因で起こることが多いです。若くて元気な頃は深く考えずに、美味しくて手軽なジャンクフードばかり食べてしまう。ところが年齢を重ねて、蓄積された行いが病気として現れます。そのときにまず、自らの行いを振り返ることが大切なのです。

仏教の教えに、「因果応報」という言葉があります。まずはなぜ病気になったのか、自分の行いを振り返る。そして病と縁が切れるようにお願いをする。最後に、神様仏様に誓いを立てることが大切です。

——誓いを立てるとは？

「病との悪縁を切るべく、生活習慣を改めます。どうかお力を貸してください」とお願いするのです。お願いをしたから神様がなんとかしてくれる、というのは信仰ではありません。

「煩悩を捨てるのはとても難しいことです」と優しく語る三谷真漣院主。

病気は嫌だけどアレを食べ続けたい、コレを飲み続けたい、と過去の生活に執着し、煩悩のままに生きてしまっては、状況は変わりません。

自分が積み重ねてきた煩悩をリセットし、新たな気持ちで誓いを立てることが、悪縁を切り、良縁を願うことなのです。

人間関係の悩みでも似たところがあります。苦しみのなかには自らの嫉妬や欲望、怒りがあります。それも執着です。そのような煩悩をなくすことで、相手を赦し、縁を切るのです。

ただ、執着というのは仏教の永遠のテーマでもあります。口で言うのは簡単ですが、執着を取り払うのは非常に難しいこと。だから皆さん、悩んでご祈祷にいらっしゃるのです。

——ご住職も、煩悩に苦しむことがありますか？

もちろん、私も人間ですから。私の場合は、落ち葉の掃き掃除が癒しになっています。今日も皆さんがいらっしゃる前に、庭の落ち葉を掃いていました。でも今、すでに落ち葉が溜まっていますよね。

掃いても掃いても降ってくる落ち葉は、人間の煩悩のようです。逃れることはできません。

魔が差す、という言葉がありますね。それも煩悩によって起こります。そうならないように、一つひとつ自らの煩悩に向き合い、捨てていくことが大切なのです。

ご本尊

不空羂索観音菩薩

データ

【住所】奈良県奈良市高畑町 1365

【電話】0742-26-2910

【アクセス】JR「奈良駅」、近鉄「奈良駅」より市内循環バス 10 分「破石町」下車、徒歩 10 分

【公式 HP】

愛知・愛西市

浄土宗 励声山《れいせいざん》 大法寺《だいほうじ》

悪い縁を切り 良い縁の入る隙間をつくる 縁切り不動尊

2022年に再建された本堂は、玄関スロープなどバリアフリー対策も万全。

白龍とお不動さまはともにある

縁切り寺として知られる大法寺の本堂は、お寺らしくないモダンな外観ながら、周囲ののどかな風景にも不思議と馴染むシンプルな建物となっています。見上げた先には、大きく枝葉を広げた楠《くすのき》が、本堂の屋根越しに顔をのぞかせます。樹齢650年の大木で、陰陽五行説では〝西を守護する龍神〟とされる白龍の宿るご神木として祀られています。

この大楠の下にある祠《ほこら》には、一木彫《いちぼくぼり》の「利剣を抱いた白龍尊」が安置されています。心のなかにある「怒り、貪り、愚かさ」という三毒煩悩を除してくれるという智慧の利剣とは、不動明王が右手に持っている宝剣のことであり、白龍は悪縁切りのご加護をもたらすお不動さまのお徳を現した姿でもあるのです。

「縁切り不動尊」の本体である不動明王のお姿は本堂にて拝むことができます。特徴的な憤怒《ふんぬ》の形相は、迷える人々を救い、悪鬼と闘うための表情とも言われています。大法寺では、このお不動さまに悪縁切りを託します。

現代の「駆け込み寺」として再建

大法寺の創建は1550年頃と伝えられています。もともとは尼僧寺院で、救いを求める多くの女性たちにとっての最後の砦、いわば「尾張の駆け込み寺」であったと言われています。ま

樹齢 650 年の大楠に宿る白龍のもとで悪縁切りを祈願する。

た、そんな女性たちが「ここで生まれ変わってリスタートしていく」ことから、「おわりのはじまりの寺」とも呼ばれていました。

時は流れ、30年ほど前、火災で本堂が焼失。ちょうどその頃に住職となった長谷雄蓮華（はせをれんか）住職は、かつて駆け込み寺として慕われていたように、いつでも誰もが気楽に立ち寄ることのできる「日本一敷居の低いお寺」として再建させたいと、新しく建てる本堂にはあえて門をつくりませんでした。

本堂には、ご本尊である阿弥陀如来像や不動明王像が鎮座する空間とは別に、訪れた人たちが自由にお茶を飲んだり、住職に話を聞いてもらったりして過ごすことのできる喫茶スペースがつくられています。そこだけ見ると、まるで地域の集会所のように賑やかで、和やかな雰囲気です。

人型の紙に書いて燃やす

大法寺の縁切り供養の手順

①悪縁切り絵馬（お布施１５００円）の裏面に、切りたい縁を書き込む。

不動明王が持つ宝剣（利剣）の形をした絵馬には、念仏の文言とともに「利剣名号《りけんみょうごう》（南無阿弥陀仏）」が記されている。利剣によってあらゆる厄災が打ち払われますようにといった願いが込められている。

右手の利剣で煩悩を絶ち切り、左手の羂索で人々を救う不動明王。

②人型の赤と白の紙に書く。

赤い紙には「自分から離したいこと＝切りたい縁」を具体的に書き出す。

このとき、思い出したくないことも、あえて書き出すようにする。どんなに悪い言葉になっても、何枚になっても構わない。何時間もかけて、何百枚と書いていった方もいるのだとか。

一方、白い紙には、「縁切りをしたあとの願い」すなわち「夢、未来、希望、展望」などを書く。

③お不動さまの前で祈願する。

思いや願いを書き込んだ人型の紙を１枚ずつ胸に当て、思いをすべて吐き出すように「ふっ」と息を吹きかけ、炎にかざして燃やす。

④大楠を回り、絵馬を奉納する。

ご神木である大楠の周りを時計回りで３周し、絵馬を奉納する。

宝剣の形をした絵馬と人型の紙は、どちらも縁切り供養に使用する。

願いが叶ったら、再び訪れ、大楠を逆回りに１周し、感謝の気持ちを伝えます。そうすることで、悪縁が終わり、良縁が始まる地となります。

悪縁切りの絵馬とお守りはメールでの注文（郵送お届け）も受け付けていますが、セット販売のみ（お布施２５００円・送料別）となっています。

なお、個別に縁切り供養祈願（絵馬・お守りを含む／お布施５０００円）をお願いしたい場合には電話予約が必要です。詳しくはホームページからお問合せください。

「泥水でいっぱいの器には良い縁も入りません。器のなかのものを空っぽにしましょう」

住職 長谷雄《はせを》蓮華《れんか》

——縁切り供養に来る方は、どのような縁に悩んでいるのでしょうか。

切りたい縁はいろいろです。夫婦関係や不倫など男女の縁で悩みを抱えている方もいれば、意外と多いのは、家族内で縁を切りたいという方でしょうか。最近は、ネット上のトラブル、ネットストーカーなどでつらい思いをされている方も増えている印象です。病気との縁を切りたいという方も少なくありませんね。

——全国から救いを求めていろいろな方がいらっしゃると思います。思いつめている方にどのようにお話をされていますか。

そうですね。私がいるときで、その方が望んでいるようであればお話を聞かせてもらうのですが、初めての方には、よくこんなお話をしています。

今、あなたがつらいのは、コップのなかの水が今にもあふれ出しそうで、ギリギリの状態にあるからではないですか。水があふれないようにするには器を大きくすればいい、でも、それはきっと難しいことですよね。それに、水だと思っていたら、泥水だったということもあるでしょう。

泥水でいっぱいの器には良い縁も、きれいな水も入りませんよね。ですから、器のなかのものをいったん空っぽにしましょう、というのが私たちの縁切りの想いです。

切りたい縁を書いた人型の赤い紙は、1枚ずつ炎にかざす。

心のなかに抱えているものを捨ててもらうために、紙に書き出して、息を吹きかけて燃やしてもらう、ということをやっているわけです。

器のなかの泥水をなくすことができれば、新しい水が入ってくる余地ができます。もちろん、またすぐに汚い泥水が入ってきてしまうかもしれませんが、いったん空っぽにすることは、良い縁を呼び込むためには必要なことなのですよ、とお伝えします。

——なるほど、泥水が悪い縁ということですね。わかりやすいです。

そもそも誰だって縁切り寺になんて

来たくないと思いますよ。すがる思いでやっとたどり着いたという方もいますから、「縁切り寺になんて来たくなかったでしょ？　でも、こうやって来てくれたんだよね——全部吐き出していってね」と、最初に必ず言うようにしています。

　それに、少しでも安心していただきたいので、お話を伺う場所はあえて明るい雰囲気にしています。

　こちらに来たときにはうつむきがちで思いつめた表情をしていた方が、心のなかのものを吐き出すことができて、スッキリとした表情で帰って行かれると、心からよかったと思いますし、ほっとします。

——絵馬に書くだけでなく、人型の紙に書くというのは大法寺さんならではの縁切りのやり方だと思うのですが。

「考えていることを書き出して処理する」というやり方は、心理学でエクスプレッシング・ライティングと言われているもので、心のなかの悩みや不安を解消するテクニックの一つとして知られています。

　ですが、いざ紙を前にすると、たくさん書ける人もいれば、思いが強すぎてまったく書けない人もいます。書けても、書けなくても、自分の心と向き合うことができたならば、それでいいと思っています。

　書いているうちに心が整理されるのでしょう。つらいと感じていても、その原因がどこにあるのか、実はよくわかっていないということも珍しいことではありません。紙に書くことで自身の悩みが可視化されて、何が問題かがわかってくる——その結果、背中を押されて離婚に踏み切れたという方もいれば、生き方を変えることができたという方もいらっしゃいます。

いろいろな場所で話す活動にも積極的で、地元の CBC ラジオでは“ラジ和尚・長谷雄蓮華”としてパーソナリティも務めている。

縁切り絵馬は本堂での供養のあと、白龍の宿る大楠のもとに奉納する。

――コップの話にもありましたが、縁切りをしないと、良い縁は呼び込めないということですよね。

　はい。縁切りをせずに、縁結びはできません。「縁」という字は「糸」と「彖（たん）」から成り立っています。「糸」の下の三本は「仏法僧（ぶっぽうそう）」という三宝を表し、それらが糸によってまとめられていることを意味します。また、「彖」は「端」を意味し、「織物のふち」を表します。つまり、「糸のふちとふちを結ぶ」のが縁ということです。

　一方で、仏様の「佛（仏）」という字の「弗」には「ぐちゃぐちゃになっているひもをほどく」という意味があります。余計なものが絡んでいる状態の縁を、仏様によってほどいてまっすぐに直すのが「縁切り」です。

――ご住職に話を聞いてもらうためには予約などが必要ですか。

　0と5がつく日の午後にはお寺にいるようにしています。こちらからはお名前を聞くようなこともありませんし、お話を聞くだけならば、お金をいただくこともありません。どんなことでも気楽に話しにいらしてください。

　もし私が不在でも、お寺にはスタッフが必ずいますので、安心していらしてください。

ご本尊

阿弥陀如来、不動明王

データ

【住所】愛知県愛西市稲葉町江頭 10

【電話】0567-28-7319

【アクセス】名鉄尾西線「日比野駅」より徒歩約 10 分

【公式 HP】

5 色の織で作られた「縁切り供養」のお守り（右）、病魔退散に特化した「癌悪縁切」のお守り（左）。

秘仏である厄除子安地蔵尊が描かれた絵馬。

静岡・浜松市

高野山 真言宗 別格本山《べっかくほんざん》

龍宮山《りゅうぐうさん》 岩水寺《がんすいじ》

母であるがゆえに
手を合わせる人のもとへ出向き
我が子のように心を配る

天竜川の龍神様の化身が母となり、仏様となった

長野県の諏訪湖を源として南に流下し、遠州灘に注ぐ天竜川は、かつては「暴れ天竜」と呼ばれるほどに多くの洪水を引き起こしてきた屈指の急流河川です。岩水寺には、この天竜川の龍神伝説にまつわる秘仏が安置されています。

岩水寺は今から約1300年前の神亀2年（725年）に、行基菩薩が薬師如来の尊像を刻み、開創されました。延暦年間（約1200年前）、征夷大将軍の坂上田村麻呂公が東征の折、天竜川が荒れていたため渡ることができずに浜松市船岡山に陣を張ると、鬼門にある岩水寺を訪れて、民を救ってほしいと薬師如来に祈ったといいます。

その後、薬師如来の功徳により天竜川の龍神様が玉袖姫（たまそでひめ）とい

岩水寺の境内には川が流れており、橋を渡ることで心身に染みついた厄や執着、悪縁などを清らかな川に流して生まれ変わるとされている。

（左）本堂には秘仏が安置されている地蔵堂と大日堂が並んでいる。（上）岩水寺所蔵の大日如来坐像（鎌倉時代）は 2023 年に浜松市美術館での企画展にも展示された。

う美しい女性となって将軍の前に現れ、二人は結婚して子を授かります。しかし、出産後に産屋で本来の大蛇の姿を将軍に見られてしまった玉袖姫は、赤子と二つの宝珠を将軍に託して岩水寺の赤池に消えていきました。

　赤蛇丸と名づけられた赤子は立派に成長し、荒れた天竜川を龍神様の宝珠によって鎮め、さらに坂上田村麻呂俊光将軍となったあとに人々の救済と幸せを願って、龍神様の化身である母親の魂が刻まれた地蔵菩薩(弘法大師作)を岩水寺に奉納しました。厄除子安地蔵尊として大切にされ、現在は運慶（うんけい）高弟の運覚（うんかく）作による二代目が、国の重要文化財に指定され、岩水寺本堂に総本尊の薬師如来とともに秘仏として収められています。

お地蔵様のご宝前で 炎のお祓いをし、悪縁を切る

　岩水寺ではご本尊の厄除子安地蔵尊が母であるがゆえに、家内安全、商売繁盛、交通安全、厄除けなど家族の幸せを願えます。また、安産、縁結び、子授け、お宮参りなど家の繁栄に功徳が高いとされ、古くから「家をまもるは岩水寺」と呼ばれて信仰されています。縁切りとは縁の遠いお寺かと思いきや、我が子のように思い、幸せを願うお地蔵様だからこそ、悪い縁を切ることにも力になってくださるといいます。

　仏様への祈願は、岩水寺に約1200年続く大護摩祈祷で執り行われます。願いや名前を僧侶が一つひとつ読み上

護摩木に願い事を書いて、
大護摩祈祷で炎のお祓いを受ける。

げて、炎の向こうに安置されている厄除子安地蔵尊と薬師如来へと祈願します。祈願者も一人ずつ焼香をし、仏様に向かって手を合わせ、僧侶からのお祓いを受けて、気合いの喝を入れてもらいます。

ご祈祷後、厄除け祈願の方には厄除割札守が、お守りつきの祈願の方には身代りの割札守が授与されます。割札を半分に割って納めていくことで、嫌なことやつらいこと、忘れたいこと、過去の罪や罰、体の厄だけでなく心の厄、不幸な縁もすべて置いていき、護摩ご祈祷で焼き尽くして取り除いてくださるというもの。

割ったお守りの片側には紐がついており、携帯電話などの持ち物にもつけやすいため、厄除子安地蔵様をいつも身近に感じることができます。

厄除祈祷後にもらう身代り割札守の半分を、
お賓頭盧（びんずる）様に納めて嫌なものは置いていく。

お地蔵様を自身の母だと思って気持ちを伝えれば楽になる

秘仏である厄除子安地蔵様のお姿は、左足を少し前に出した、前かがみの姿勢であられるのだそうです。救いを求める方のもとに早く出向いて力になりたいと一歩を踏み出している、とても慈悲深い仏様なのです。

厄除子安地蔵様を自分にとってのもう一人の母親だと思って、怒りや不安、悩みなどを心のなかで語りかけることで、「私はいつでも見ていますよ、あなたの味方ですよ」と心の声に応えてくださるとのことです。自分一人で抱え込むことのないよう、もう一人の母親の存在が大きな救いとなることでしょう。

厄除子安地蔵尊の刺繍が施された
開運厄除けのお守り。

岩水寺では、良縁成就を含む開運と、悪縁切りを含む厄除けの、二つの意味がある開運厄除祈願が毎日行われています。悩みや悪縁、苦しみの縁切りのみならず、運が開くことができますように、前に向くことができますようにと、お祈りしていただけます。

お守りとしてのご利益がある御朱印帳。表紙と裏表紙の絵柄が特徴的で、玉袖姫が梵字の入ったおくるみで赤蛇丸を抱く姿を描いたもの（左）や、お地蔵様とお薬師様、天竜川の龍神様を描いたもの（下）などがある。

数種ある御朱印のうちの一つ。

ご本尊

総本尊：薬師如来
本尊：厄除子安地蔵尊（国指定重要文化財）

データ

【住所】静岡県浜松市浜北区根堅 2238
【電話】053-583-2741
【アクセス】天竜浜名湖鉄道「岩水寺駅」より徒歩約 10 分／遠州鉄道「遠州岩水寺駅」より徒歩約 15 分

【公式 HP】

遠州鉄道、天竜浜名湖鉄道、二つの線ともに駅名は「岩水寺」。

※ご祈願は予約の必要はありませんが、平日は家を出る際にお電話での確認が必要です。足や目が不自由な方等は優先的にご案内のうえ、イスのご用意もあります。

富山・高岡市

高野山 真言宗 衆徳山《しゅうとくさん》 胎生院《たいしょういん》

総持寺《そうじじ》

不動明王の頼もしい憤怒《ふんぬ》の形相と
赤く燃え盛るひと太刀で
因縁の悪縁をバッサリと切り捨てる

眩しい快晴の空に、凛とした佇まいをみせる本堂。

「高岡」の名をつけた和尚のいた由緒あるお寺

総持寺は、16~17世紀にかけて活躍した加賀藩二代目藩主、前田利長公ゆかりのお寺です。

総持寺二十二世の快雄和尚は、慶長14年（1609年）、利長公の高岡城築城にあたって、当時は関野と呼ばれていたこの地に新たな名前をつけるよう依頼されました。そして中国の詩経の一節「鳳凰鳴けり、彼の高き岡に」から、「高岡」と名づけたのだそうです。その後現在に至るまで、長く高岡という地名は生き残っています。そしてそれだけ長く、総持寺はこの場所で地域を見つめ続けてきたのです。

今ここにあるお悩み解消に不動明王のお力を借りる

地域の人々から「お不動さん」と呼ばれて親しまれているのは、不動明王。ご本尊の大日如来の化身とされる不動明王は、炎を背負い、怖い顔つきをされていますが、実は煩悩を断ち切り、未来へ導いてくれる仏様です。

憤怒の形相は、怒りの表情で煩悩に悩まされる人々を力ずくで救済するためといわれており、私たちは怖がる必要はありません。右手に持つ剣で、邪《よこしま》な心や煩悩に迷う気持ちを断ち切ってくれます。そして左手に持つ羂索《けんじゃく》という網は、悪を縛り上げて、煩悩を断ち切れない人を引っ張り上げ、正しい方向へ導いてくれる道具です。

さらに、不動明王は、現世、つまり生きているうちに得られるご利益を授けてくれる仏様ともいわれています。今すぐに解決してほしい悩みをお持ちの方にとっては、大変ありがたいことですね。

曼荼羅堂で睨みを効かす 縁切り不動明王

境内の中央、曼荼羅堂の正面には、右に大日如来像、左に不動明王像が並んでいます。

総持寺では、以前よりご近所の信者の方々に向けて、「引き離し祈願」を行っていました。そのうち「縁切り」の効果が高いと評判になり、この不動明王にさらなる縁切りのご利益を増すために、右手に「縁切り剣」を持っていただくことになりました。さらに、不動明王の秘法といわれる九徹剣（くてっけん）も新たに大きく進化し、明王像の前に安置されることになりました。

炎のように燃え上がる不動明王の九徹剣で、バッサリと悪縁を切っていただく。

特に男女の縁切りに効く

「良縁」「悪縁」などと言いますが、良縁に巡り会えば、その出会いに感謝し、長く持ち続けたいと思うもの。しかしどうしても出逢いたくない縁や、いやでも出逢ってしまう縁、切るしか道がない縁というものも存在します。特に男女の縁を断ち切るのは簡単なことではありません。解決の糸口が見つからないなら、不動明王の縁切りパワーをいただいて、前向きに明日を迎えたいですね。

縁切り祈祷は5000円～。詳しくはお寺にご相談を。

本堂の入り口には、お悩みを書き込める「こころ」のらく書き帳が置いてある。

「日々のちょっとした『悟り』はご自分のなかにあります」

住職 永田《ながた》龍祥《りゅうしょう》

—縁というものはどういったものだとお考えですか。

仏教的には「因果」と言いまして、簡単に言うと「原因と結果」のことですが、始まりがあれば終わりがあるという意味です。物事のスタートとゴールの間にあるのが縁というものではないかと思います。

—間にある、道筋のようなものでしょうか。

そうですね、その縁によって、結果に変化が出ます。花にたとえると、種になんらかの縁、つまり水や土、栄養、日光などが関わって、花が咲いたり実がなったりします。乗り物で言えば、車になんらかの悪縁が関われば、不調をきたしたり事故に繋がったりして、到着に影響が出ます。

—悪縁を招いてしまうのには、理由があるのでしょうか。

これはなんとも言えません。そもそも縁は、良縁も悪縁も、仏様から与えられたものだと考えています。試練と言ってもいいでしょう。命をいただいてこの世に生を受けるのと同じことで、仏様からいただいたものなのです。

—仏様からの授かりものを取り払うのは難しいのでしょうか。

そうですね。ネガティブな言い方をさせてもらえば、「仕方がない」のです。こうした諦めにも似た境地に到達される方も多いです。逆に考えれば、与えられた仕方のないものだからこそ、自分の力だけでは払拭できないものと捉えることもできます。

—そこで、祈願という方法もある。

あります。しかし誤解してほしくないのですが、祈願したからといって

境内には、松の木に囲まれて鐘撞き堂が静かに佇む。

100%物事が解決したり、つらい境遇からスッパリと縁を切れたりするというわけではありません。自分のなかでバランスをとって、仕方のないものと、ご自分ですっきりとした気持ちになれるものとを分けてみるのも一つの手です。

――すっきりと縁を切りたいと思ってもなかなか叶わないものなのですね。

そうです。難しいものではありますが、強い仏様にお願いすることで、ご自身の気持ちを落ち着かせるのは悪いことではありません。観音様のようなお優しいお姿に癒される場合もあるでしょうし、当山の不動明王様のように、力強く刀を振るって悩みを断ち切ってくれる仏様にお願いしたほうが心休まる場合もあるでしょう。

――どういった仏様にお願いしたいかは、自分次第ということでしょうか。

そうなりますね。ご自身がどうしたいのか、どうなりたいのか、状況をどうしたいのか、その考え方を知るために、お寺や神社を訪れるのはいい考えだと思いますよ。ご自身の欲望に気づくということです。ご自身がどう考えているのか、その答えはご自身のなかにしかありません。言うなれば「悟り」のようなものです。日々のちょっとした悟りはご自身のなかにあるのです。

――その小さな悟りを求めてお寺へ出かけることも、一つの前向きな行動ですね。

そう思います。お寺は、ディズニーランドのようなものです、とよくお話しするのですが、ある意味、別世界、異世界です。遊園地のようにいろいろな仏様がいらっしゃいます。日常に疲れたら、ファンタジーな世界へ旅に出るようなお気持ちで、お寺を訪ねてみたらいかがでしょうか。

文殊菩薩様が乗った鳳凰菩薩像。

ご本尊

大日如来

データ

【住所】富山県高岡市関町32

【電話】0766-22-4073

【アクセス】JR「高岡駅」より徒歩10分

【公式HP】

富山・富山市

杉原神社《すぎはらじんじゃ》 末社《まっしゃ》
水分神社《みくまりじんじゃ》

人は縁を無限に持つことはできない
だから出会いと別れを繰り返す
悪縁を水に流して断ち切ろう

可愛らしい狛犬がお出迎え。

仲睦まじい夫婦神を祀る
由緒正しい延喜式内社《えんぎしきないしゃ》

杉原神社が鎮座するのは、富山市八《やつ》尾町《おまち》。毎年9月に開催される、収穫の時期を迎える行事「おわら風の盆」の優美な踊りで知られる土地です。

杉原神社は、少なくとも1300年の歴史があるといわれる由緒正しい神社。西暦927年の「延喜式神名帳（えんぎしきじんみょうちょう）」という全国の神

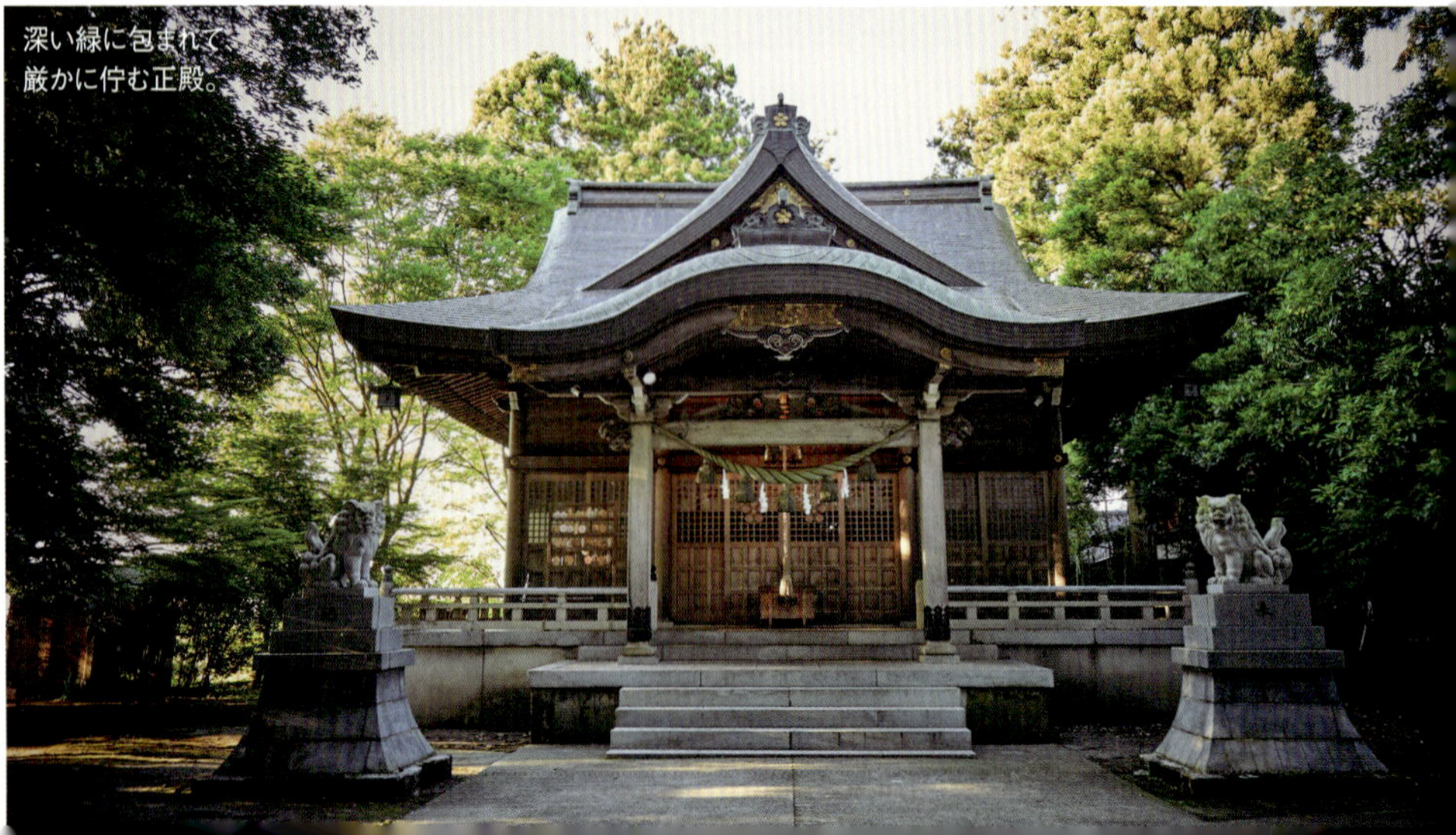

深い緑に包まれて厳かに佇む正殿。

社の一覧表にあたる文献にその名が記されていることから、延喜式内社と呼ばれている神社の一つです。

お祀りしているのは仲睦まじい夫婦の神様。辟田彦命（サクタヒコノミコト）、辟田姫命（サクタヒメノミコト）はこの土地を拓き、二人で力を合わせて農地開拓に尽力されたとされています。辟田彦命は大和朝廷から派遣された農業指導者で、辟田姫命はこの地を治めていた地方豪族の姫と考えられています。このことから、五穀豊穣、夫婦円満、家内安全などにご利益があるといわれています。

本殿のそばにはご神木がそびえます。また、その近くには夫婦杉があり、これもご神木なのだとか。強く逞《たくま》しいこれらご神木に守られて、杉原神社の境内には厳かな空気が流れています。

編集部が取材に訪れたのは、太陽が熱く眩しい盛夏でしたが、このご神木をはじめ多くの木々に取り囲まれて、境内はひときわ涼しく感じられ、心落ち着くひとときを過ごせました。

仲良く並び立つ夫婦杉。眩しい日差しの下でも、涼やかな空気が通り抜ける。

洗い流したいものをすっきりと 水分神社で悪縁流し

さて、杉原神社の境内にある末社に水分神社があります。水を分けると書いて「みくまり」と読みます。水を司る神様である水分大神（ミクマリノオオカミ）をお祀りしており、令和に入ってから新たに建立されました。

文献には、江戸時代末期にはすでに杉原神社の末社であったと記載があるので、なんらかの原因で失われていたものを、令和になってからもともとの姿に戻したことになります。

水分神社は、あらゆる水にまつわるご利益がいただけると評判の神社です。特に、切りたくてもなかなか切れない悪縁を切りたい、きれいさっぱり洗い流したいと願う方にご利益があるとされる、「悪縁流し」ができる設備があります。

悪縁流しの手順

杉原神社の悪縁流しとは、ご祭神とご神水のお力によって悪縁を断ち切り、ご神水の清流にのせて、きれいさっぱり流してしまうお作法です。

※流せるのは、自分自身の悪縁だけです

① 専用の人形（ひとがた）を授与所で受ける。

② その中央に、縁を切りたい対象の名前（人名・団体名・悪癖・酒やたばこ等の嗜好品名など）を、縦書きでしたためる。

③ 水分神社の神殿に参拝（二拝二拍手一拝）してから、立ち位置を示す足形に合わせて立ち、紙に息を吹きかける（一息で最後まで吐き切る）。

④ 案内板に記されている祝詞を小さな声で唱えながら、施設の上のご神水に人形の紙を静かに浮かべる。

⑤ 数秒経つと、人形が溶けるようになくなっていく。

この人形の中央に、
縁を切りたい対象を縦書きに
書き留め、水に浮かべて溶かし去る。

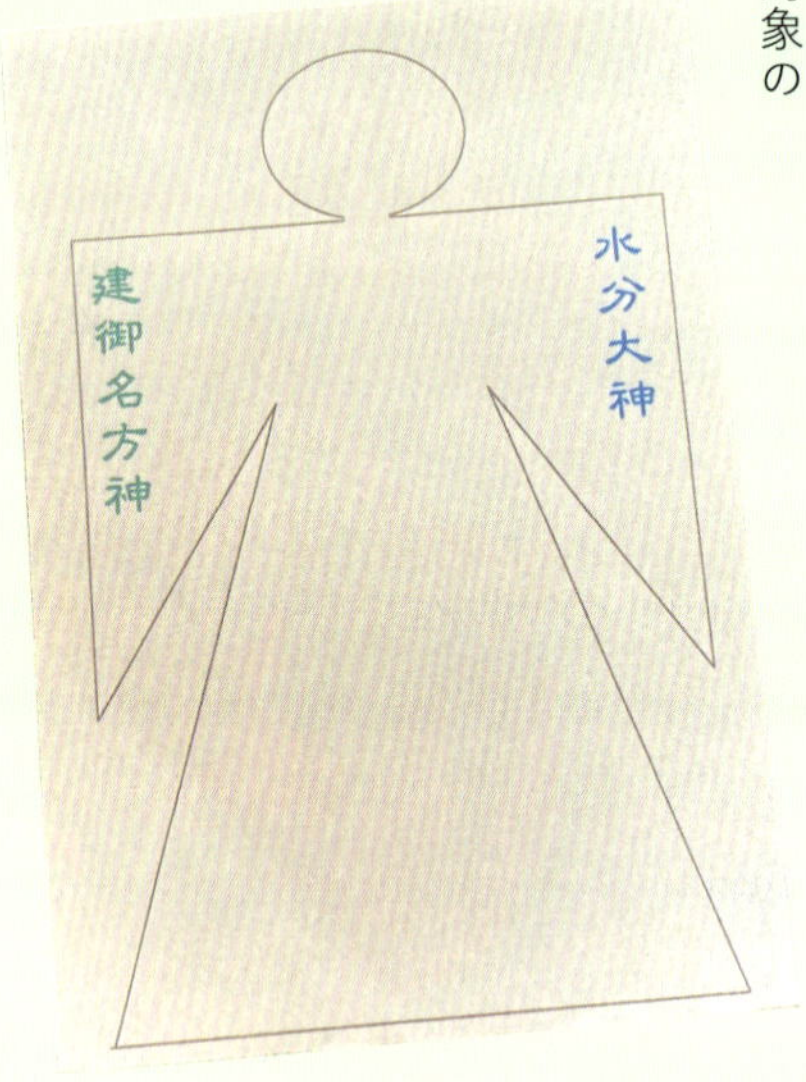

唱える祝詞

言巻くも畏き水分大神、建御名方大神、吾が悪しき縁を打ち断ち給い祓い遣り給へと、畏み畏みも白す

読み方

「いわまくも　かしこき　みくまりのおおかみ、たけみなかたのおおかみ、あが　あしきえにしをうちたちたまいはらいやりたまえと、かしこみかしこみも　もうす」

現代語訳

「お名前を口にするのも恐れ多い水分大神様、建御名方大神様、私の持つ良くない縁を絶ち切り、祓ってくださいますよう謹んで申し上げます」

悪縁流し以外にもさまざまなお願いを聞いてもらえる

水分神社のご神水を持ち帰ることもできます。24時間いつでも汲めるのは嬉しい限り。

持参したお金をご神水に浸すことで金運をアップさせる「洗財」もできるそうです。網にお金を入れ、水鉢に浸して祝詞を唱えます。祝詞はこの銭洗いの施設に明記してあります。

また、夫婦杉の近くには「厄割石」があり、授与所にて入手できる土鈴に厄を移し、厄割石にぶつけて粉々に砕くことで、厄落としを願うこともできます。

さらに、平日限定ではありますが、「一言カード神託」をお願いすると、およそ3分間の、いうなれば「言葉のおみくじ」を引くこともできます。

随時受け付けている悪縁切り祈願の初穂料の目安は8000円〜。詳しくは神社にお問合せを。

「自己価値を低く見る習慣が悪縁を招いてしまうのです」

宮司　杉原秀圭《すぎはらひでかど》

——縁というものは、一体、どのようなものでしょうか。

見えない結びつきのことです。お互いに引き合う力と言ってもいいでしょう。人と人、人ともの、ものともの、あらゆる関係において縁が存在します。これが、長く日本人が思い続けてきた縁というものです。

——その縁に困惑し、つらい思いをすることもあろうかと思いますが。

人の時間や体力には限界がありますから、持てる縁には限りがあります。なので、繋がれる縁は決まっているのです。だから、出会いや別れを繰り返すのは自然なことです。でも、手放すには勇気が必要です。

——縁は大切なものだからこそ、どうしても手放したくないと思うのでしょうか。

縁が繋がること自体は素晴らしいことですから、手放したくないという意識が湧くかもしれませんね。しかし、悪縁ばかりが連なっていると、そこに良縁が入る隙間はありません。

——悪縁ばかりだ、つらいことの繰り返しだと嘆く人には、特徴がありますか。

厳しい言い方をさせていただくと、悪縁ばかりに囲まれてしまう方は、その状況をご自分で選んでいると言えます。簡単に言うと、自己価値を低く見るくせがついているから、悪縁を招いてしまう。

かつて杉の巨木に疫病平癒を願って成就したことで、杉がご神木になった。

特に男性との関係に悩む女性に多くみられる状況ですね。自分はこの程度だ、だから素晴らしい人に愛される資格はない、というように考えてしまう。そしてどんなにその縁が悪くても、手放す勇気がないのです。

——悪縁を手放さないから良縁に恵まれない、のですね？

そうです。不幸を手放さないから幸せになれないのです。そして不幸だと強く思い込むことでさらなる不幸の繰り返しを招いてしまうのです。

――どうすれば悪縁と決別する勇気を持てますか？

ご自身では、なかなか考え方の歪みや不幸の連続に気づきにくいもの。それでも何かおかしい、どうにかしたい、でもどうにもできない、そんなときにサポートしてくれるのが神様です。

当社の水分神社にて、はっきりと紙にご自分の問題、縁を切りたい人や悪習などを書き込んで祝詞で神に伝え、神水に流すという行動の一つにも小さな勇気が要ります。この小さな勇気が、心のくもりを晴らすきっかけになるかもしれませんね。

「繋がれる縁は決まっている、だからこそ人は出会いと別れを繰り返す」と杉原宮司。

ご祭神

辟田彦命、辟田姫命、水分大神

データ

【住所】富山県富山市八尾町黒田 3166

【電話】076-454-3501

【アクセス】富山駅（正面口）の地鉄バス停より「熊野経由または堤防経由八尾行き」に乗車、「大杉」で下車後、徒歩 5 分弱／ JR 高山本線「越中八尾駅」よりタクシーで約8分

【公式 HP】

駐車場近くの授与所

福井・福井市

福井県護国神社《ふくいけんごこくじんじゃ》

戦没者を祀る
神様を近くに感じる神社で
盃を落として悪縁を祓う

大地震でも倒れなかった「不倒の狛犬」。

戦没者を祀る護国神社

閑静な住宅街にある福井県護国神社の鎮守の杜。ここは、地元ゆかりの戦没者をお祀りしている神社として知られています。

そのなかの一人に、福井藩医の長男として生まれ、漢方医学を学んだのち、江戸に上り、幕末の志士らとともに開国推進の立場で奔走した橋本左内（はしもとさない）という人物がいます。左内は、15歳で自らが立てた人生の指針を『啓発録（けいはつろく）』としてまとめるなど、類まれなる才覚を有していたことで知られています。受験シーズンには、そんな左内の偉功にあやかりたいと合格祈願に訪れる受験生やそのご家族で賑わいます。

神社では、おみくじを引くことも楽しみの一つ。護国神社では、境内の両脇に、昭和天皇皇后がお手蒔きされたという杉の木と松の木があり、おみくじを結ぶ場所はその両方の木の近くに用意されています。

引いたおみくじに良いことが書いてあれば、「願いが叶うのを待つ（松）」ということで松の木のある側へ、悪いことが書いてあれば、「悪いことが過ぎ（杉）るように」と杉の木がある側に結びつけます。拝殿の柱にあった「良いみくじ→」「悪いみくじ←」という案内の意味がわかりました。

さらに、県内でも最大級の大きさを誇る一対の狛犬の姿にも注目してください。1948年に起こった福井の大地震、このとき社殿のすべてが倒壊するなか、唯一倒れなかったのが向かって右側の狛犬です。「不倒の狛犬」として商売繁盛を祈願する対象となっています。左側にある狛犬はひっくり返っても無傷だったことから「無傷の狛犬」として病気治癒の祈願対象になりました。「願ひ布（初穂料500円）」に思いを込めて奉納します。

境内の一角に設けられた斎場で、心を鎮めて、盃を真中柱に落とす。粉々に割れるほど吉兆。

悪縁切りにもなる厄災落としの盃（かわらけ）

護国神社は、もともと「福井の北の鎮護」を目的に創建されていることから、八方除けや厄除けなど災難除けの祈願を多く受けてきました。

今は、「盃を落とすことで厄災も落とす」という神事が、「悪縁切り」にもなると人気を集めています。盃（初穂料500円）の裏に落としたい厄や断ち切りたいことを書き、斎場にて落とします。

そもそも「盃を割る」という行為には、昔からさまざまな意味が込められていました。戦時下、特攻隊が出陣する際、最後に口にした盃を割ったのは、すべての縁を断ち切って出陣していくという覚悟の表れ。また、嫁ぐ際、玄関先で水を飲み、その盃を割ることには、これからはこの家以外の水は飲まない、という意志表示だったと言われています。

悪縁退散と良縁成就のお守り

私たちを取り巻くさまざまな縁のなかには、病気や悪癖など断ち切りたい縁、いわゆる悪縁も存在します。

そんな悪縁から身を守ってくれるのが「悪縁退散守（初穂料1000円）」です。結界を表す「籠目《かごめ》」の文様には邪気を祓う魔除けの力があると言われています。

一方、悪縁を切ったあとに良縁を授かれるようにと祈願したのが「良縁成就守（初穂料1000円）」。「的を射抜く」ことから縁起の良い柄とされている「矢絣《やがすり》」の文様となっています。

この2つのお守りをセット（初穂料1800円）で持つのがおすすめです。

神様との縁が切れないよう、破れにくい越前和紙を使用した「悪縁退散守」（左）と「良縁成就守」（右）。

「何かしら行動で表すことができれば自身の思いをより伝えやすくなるはずです」

宮司　宮川貴文《みやがわたかふみ》

――八方除けや厄除けと、縁切り祈願は似ているようで性質の異なるものなのでしょうか。

八方除けはあらゆる方位から来る災いを取り除くものですが、年齢ごとに代わる星回りによって八方塞《ふさがり》とされる時期は決まっています。厄除けは、通常、災難が起こりやすい年齢とされる厄年のときに行います。

よく聞かれるのは、八方塞でも厄年でもないのに、病気やけがをしたり、誰かに付きまとわれたりと、どうにも悪いことが続くという場合ですね。お祓いしてもらえないか、とお願いをされることがあるのですが、これが「縁切り祈願」と言えるかもしれません。

「縁」には、大きな流れのようなものがあって、人であろうと、ものであろうと、心が弱っているようなときにはどんどん悪いほうへと流されやすくなってしまっています。縁切りには、そういった悪い流れを断ち切る、という意味があると思っています。

――厄災落しの神事をやるようになったのはいつ頃からですか。

私が故郷の福井に戻って来たのが、今から25年ほど前のことです。

当時、神社でできることと言えば、「初詣に行って、おみくじを引いて、お守りをもらう」ことくらいしかありませんでした。

一方で、時代も変わりつつあって、人と人との繋がりが希薄になり、コミュニケーションも減って、悩みが増えているようにも感じていました。直接話せば解決できそうなことが、話せないことによってこじれてしまう、そういったことも増えているようでした。

そんな悩みを抱えた方たちが、断ち切りたい思いや願いを込めて祈るとき、何かご自身の行動で表すことができれば、より思いを伝えやすくなるはず……そう考えて生まれたのが「盃を落として厄災も落とそう」という神事です。

厄災が「すぎ（過ぎ）」去るのを祈願するところと記されている奉納所。

――厄災落しに越前焼の盃を使ったり、お守りに越前和紙を用いたりしているのも宮司のアイデアですか。

護国神社は、福井県にある神社ですから、地元、特に越前地方に根づいている伝統工芸品のすばらしさを、身近なお守りや神事に取り入れることで、もっと広く知っていただければと、そういう思いを込めて作っています。

――厄災落しをやってみたいけれど、誰にも悩みを話したくない、そういう方でも大丈夫ですか。

厄災落しの神事については、最初から最後までお一人でできるようになっています。社務所に行かなくても済むよう、初穂料は賽銭箱に入れていただくようにしています。

ですが、一人で行動を起こせる方ばかりではないでしょう。心のモヤモヤを処理しきれなくて話を聞いてほしいという方もいると思います。そういうときは、ぜひお声がけください。何ができるというわけではありませんが、お話を聞くことはできますから。どうぞ気軽にお立ち寄りください。

願いが叶うのを「まつ（待つ）」ところと記されている、松の木側の奉納所の前で。宮川宮司。

ご祭神

幕末の俊秀・橋本左内先生をはじめとする福井県出身英霊

データ

【住所】福井県福井市大宮2丁目13−8

【電話】0776-22-5872

【アクセス】JR「福井駅」よりすまいるバス（北ルート）で「護国神社前」下車／JR「福井駅」より車で約7分

【公式 HP】

島根・松江市

佐太《さだ》神社《じんじゃ》・田中《たなか》神社《じんじゃ》

お願いを神様に奏上して言霊の力をいただく
姉妹の神様を祀る二つの社が
縁切り・縁結びを後押ししてくれる

神様が集まる出雲の国において長い歴史を持つ神社

古代出雲には、「カンナビ信仰」というものがあったと考えられていて、八百万《やおよろず》の神々が「カンナビ山」に去来するという伝承があります。「カンナビ」には、神様が隠れて籠る場所、という意味があるそうです。

神様が集まって来られるのは旧暦の10月。通常、神無月（かんなづき）と言いますが、出雲では、神様がいらっしゃる月ということから、「神在月（かみありづき）」と呼ばれています。

集まって来られた神様をお迎えする神事が「神在祭（じんざいさい）」で、出雲地方に4ヵ所あるカンナビ山近くの神社に、神在祭を執り行う神社が多いのもうなずけます。

佐太神社も神在祭を行う神社の一つです。現在も、およそ500年前の社記とほぼ同じ内容で執り行われています。出雲に多くの神々がお集まりになるという伝承は12世紀頃になると文献に出てきますが、特定の神社の名前が登場するのは佐太神社がもっとも古いことからも、この場所の歴史の深さを感じます。

佐陀川を渡った先、深い森を背景にして大きく横に並ぶ社殿は特徴的で、「三殿並列」と呼ばれています。正中殿を軸として南北に対照的に配置されたもので、いずれも大社造《たいしゃづく》りではありますが、向かって左側の南殿は通常の大社造りの構造とは逆につくられている、他に類を見ないしつらえ。その上に広がる空が大きく見え、全国から広く信仰を集めている「神在（かみあり）の社」とも呼ばれる佐太神社の風格をたたえています。

神の国、出雲でもっとも尊い神様の一柱を祀る

佐太神社に祀られている佐太大神（サダノオオカミ）の「サダ」とは「岬」の

静かな流れを渡った先に、深い緑を背負う佐太神社の社殿が広がる。

意味で、島根半島一円の祖神。別名は猿田毘古大神（サルタヒコノオオカミ）で、厄災、長寿、交通守護、地鎮など多くの分野にお導きをいただける神様として知られています。出雲国のもっとも尊い四大神のうちの一柱です。

摂社として、縁切り縁結びで知られる田中神社がある

佐太神社は、真ん中に正中殿、左右に南殿と北殿を配する三殿並列の珍しい社殿ですが、その北殿の摂社に田中神社があります。摂社とは、境内またはその近くにあって、本殿に祀られている主祭神と関係の深い神様を祀っている社のこと。佐太神社の北東、100メートルほど離れた飛地にある、二つのお社が背を向けて建っている独特な神社が、田中神社です。

ご本殿の方向を向いているのが西社で、木花開耶姫命（コノハナサクヤヒメノミコト）を祀っています。縁結び、安産のご利益があるとか。反対に建つ東社

は、磐長姫命（イワナガヒメノミコト）を祀り、縁切り、長寿のご利益があるそうです。

社が2つ並ぶ珍しい配置。まずは悪縁を切ってから良縁を望む、その順番が大切。

田中神社が叶えてくれる縁切り・縁結び

田中神社の縁切り・縁結びの信仰は、本社北殿のご祭神である瓊瓊杵尊（ニニギノミコト）に由来しています。

瓊瓊杵尊は、天照大神（アマテラスオオミカミ）の孫に当たる神様です。あるとき出会った美しい女性、木花開耶姫命と結婚したいと思い、父神に打診します。喜んだ父神は、姉の磐長姫命（イワナガヒメノミコト）も一緒に輿入《こしい》れさせましたが、瓊瓊杵尊は姉の容姿が醜かったので親元に返したというのです。父神は、磐長姫命と結婚すれば岩のように永遠に続く命を、木花開耶姫を娶《めと》れば咲き誇るような繁栄が得られると祈っていたので、片方を返されたら命が木の花（このはな）のように儚くなってしまうと言いました。

この悲しい物語に基づいて、最初に東社を参拝して縁切りをお願いし、その後西社をお参りすることで縁結びを叶えるという独特な参拝方法となりました。

まずは、佐太神社の社務所にて、「割符」を求めましょう。そして田中神社へ移動し、両社を参拝したのち、割符を割り、悪縁切りの割符のほうは納め箱に入れ、良縁結びの割符は西社に結びます。

くれぐれもお参りする社を間違えないように注意しましょう。

社務所で購入できる「割符」。「結」と「断」とある木札は半分に割ることができる。

佐太神社から歩くこと1、2分、100メートルほどの距離のところに田中神社が佇む。

「自分一人の価値を認めるような心持ちになれたら、悩みから遠ざかることができます」

権禰宜《ごんねぎ》　石橋淳一《いしばしじゅんいち》

——うまくいかない関係や、断ち切りたい悪癖など、悩みを抱える人が多いようです。

生きている限り尽きない悩みです。ご家族やお友達に相談されて解決できるものならば問題ありませんが、解決できないお悩みを抱えてしまった場合には、ご自分だけで解決するのは難しいものです。

日本にはたくさんの神様がいらっしゃいます。特に島根にはとても多くいらっしゃいます。こうした神様にすがってみるのも一つの手です。

——神様に助けてもらいたいとき、お願いする側として必要な心構えは？

我々神職は「中執《なかと》り持《も》ち」としての役割を持っています。神様と参拝者との間を取り持つ仕事です。具体的には、わからないことや苦しんでいること、お悩みなどをよく聞いて、その内容を祝詞にのせて奏上し、神様に伝えます。神様へのお取りつぎは私どもの仕事ですので、お願いするほうは、まっさらな気持ちで、ただおすがりしますという心持ちでいるだけでよいでしょう。

——神様からはどうアドバイスをいただけるのでしょうか。

我々は神様にお伝えはしますが、その回答がはっきりと言葉でいただけることは少ないでしょう。しかし、悩みを私ども「中執り持ち」に伝え、お話ししているうちに、ご自分の気持ちが整理され、すっきりとした気持ちになられる方も多いですね。

——言葉に出す、ということに意味があるのでしょうか。

あると思います。日本にはもとより、言霊《ことだま》信仰というものがあります。昔からよく、言葉にするとその通りのことが起きるなどといいます。言葉には霊力が宿っているという考え方ですね。我々が神との間に立って言葉を祝詞にするのはもちろんですが、その祝詞を同時に聞くことによって、ご自分に力を与えてくれるものなのです。言葉の霊力を得て、その霊力によってよい方向へ導いていただけるということです。祝詞を聞いているうちに心が整理されるような気持ちになるのはこうした理由からでしょう。

――田中神社へのご相談の主な内容は？

ほとんどが人間関係です。これは昔からそうですし、これからもそうだと思います。コロナ禍に痛感された方も多いのではないかと想像しますが、次々と起こってくる問題は大半が人によって起こされ、人がそれに困っている状況です。相手がいるから悩むのであって、宇宙にたった一人であれば、誰も見る必要はないし誰からも見られない、悩みが生まれてこないですね。容姿がどうのと悩む、人と比べてどうのと悩む、そういったこともなくなるでしょう。人間はお互いのかかわりのなかで悩みを見つけ出してしまう動物なのです。

――人は悩みから逃れられない弱い生き物なのでしょうか。

そうかもしれないですね。しかし避けることはできません。それをどう割り切るか、そこが生き方ですね。

先ほどの宇宙にたった一人なら、という話ですが、そのくらい他はどうあれ自分は自分、自分一人の価値を認めるような心持ちになれたら、悩みから遠ざかることができます。人が多くいるこの状況で、どれだけ自分にとって苦しい状況を遠ざけられるかということです。

――人とかかわるからこそ、切りたい縁もありますよね。

特に男女の縁は、そうですね。田中神社には、男女の縁をどうにかしたいと悩まれた方が多くいらっしゃいます。そうした縁に効くと長く言われてきた理由もあります。

ときたま、親子の縁を切りたいというような大きな問題を抱えていらっしゃる方も見えますが、我々はとうてい、そのような縁を切るのは難しいことかなと思っています。

しかし男女の縁であれば、当方の田中神社のような特別な場所で、神様の力をお借りするのも、非常に前向きな考え方ですね。

ご祭神

佐太神社：佐太大神、天照大神、素戔嗚命、瓊瓊杵尊
田中神社：木花開耶姫命、磐長姫命

データ

【住所】島根県松江市鹿島町佐陀宮内 73

【電話】0852-82-0668

【アクセス】JR「松江駅」より一畑バス恵曇行き約25分「佐太神社前」下車すぐ

※佐太神社の各種ご祈祷・ご祈念は5000円～。詳しくはホームページまで。

【公式 HP】

島根・出雲市

宇美神社《うみじんじゃ》

神様がたくさんおられる出雲の地 自然の力みなぎるこの場所で 縁切り縁結びを果たす

境内に多く鎮座する社の一つ、縁結び神社のすぐ近くにはたくさんの絵馬が結ばれる。

縁切り縁結びの神社になった神様たちの物語

「古事記」に登場する伊邪那岐命（イザナギノミコト）と、伊邪那美命（イザナミノミコト）は、仲睦まじい夫婦の神様でした。たくさんの神様を産み育てたことで知られています。しかし、妻は早くに亡くなり、黄泉の国へ。夫は妻を現世に戻そうと黄泉の国へ出かけますが、そこにはかつての美しい妻ではなく、黄泉の国の食べ物のせいで醜い姿になりおおせた妻がいました。驚いた夫はそこから逃げ出し、妻は怒り狂って追いかけます。ついに夫婦は黄泉比良坂（よもつひらさか）という場所で決別し、永遠の別れを迎えるのです。この物語から、仲睦まじく縁を結び、スッパリと縁を切る、両方のご利益がある神様といわれるようになりました。

また、宇美神社では、この黄泉比良坂の穢《けが》れを掃き清めたところからお生

まずは手水を使わせていただき、縁切り縁結びの準備を。

木綿街道の歴史あふれる通りからほど近く、静かな住宅街に現れる宇美神社の社殿。

まれになった事解男命（コトサカノオノミコト）という神様も祀っています。「ことさか」とは、「関係を裂く」という意味で、絶縁と浄化を象徴する神様です。

決別と再生を象徴する神様に縁切りを願う

宇美神社の主祭神は、布都御魂神（フツノミタマノカミ）。「フツ」とは悪縁や邪《よこしま》なものを宝剣で断ち切るときの音を表しているといわれ、事解男命のご利益と相まって、上手に縁切りを手伝ってくれるといわれます。

この神社での縁切り方法には特徴があるので少々注意が必要です。ご祈祷をするには、まず、鳥居をくぐったのち、本殿に向かって左から、時計回りに参拝します。二礼二拍手一礼、本殿の回り方は左手に進み、時計回りに回ってください。

縁切り木札を購入し、そこへ切りたい縁を書いて木札を割り、縁切り箱に納めます。縁切り箱に入れられた木札は誰の目にも触れず祈念され、お焚《た》き上げをされるそうですのでご安心を(縁切・縁結の方法は次ページ)。

注意が必要なのは、縁切り祈願をして、反時計回りに回って境内の縁結び神社に参詣してしまうこと。すると切ったものとまた結ばれてしまうのだとか。

復縁を祈願するときには、旧い関係は断ち、同じ相手と新しい関係を得るという意味で反時計回りに回るのだそうですが、こちらの参詣作法には反する回り方になってしまいます。復縁の祈願には熟考が必要そうですね。

そもそも、神話の国である出雲全体が縁結びスポットになっているといいます。縁結びの神社として特に有名な出雲大社をお参りする方は多いと思いますが、縁結びの祈願をする前にこちらに立ち寄って心を清めてから、新しいご縁を気持ちも新たにいただくとよいでしょう。

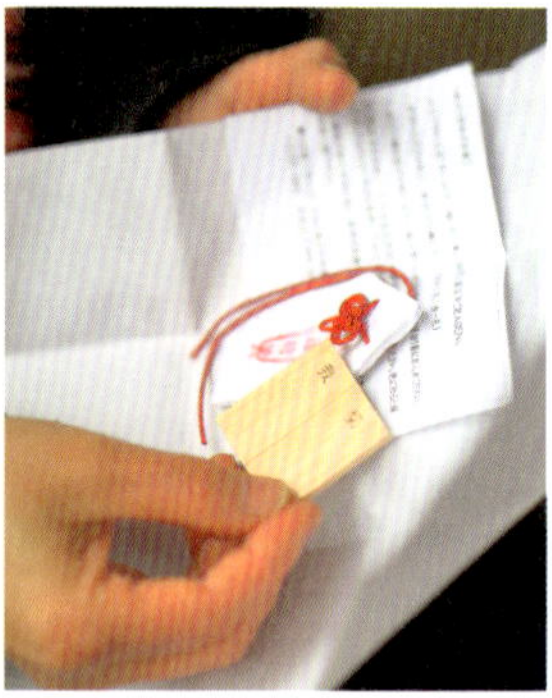
木札には、間違いのないよう記入して、参拝方法の通りにお参りすること。

木綿街道を散策することで　さらなる縁結びを

この地は、海、山、湖などの自然に恵まれ、かつては木綿の栽培が盛んに行われていました。18世紀初頭から始まった木綿栽培は、のちに生糸の生産に転換され、紡績工場の街へと発展し、雲州木綿の集散地として栄えました。商人の街としての賑わいは、白壁の土蔵やなまこ壁など、今でもその頃の面影の残る風景から偲ぶことができます。間口が狭く長い奥行きを持った切妻《きりづま》妻入《つまいり》塗屋《ぬりかべ》造《づく》りの町家が並ぶノスタルジックな町は、いつしか「木綿街道」と呼ばれるようになり、地域の人々や観光客に親しまれています。

ちなみに木綿街道交流館では、予約不要の「まちなみガイド」のほか、団体でも楽しめる要予約のもの、食事つきのガイドプランも用意されています。出かける前に一度問い合わせをすると安心です。

木綿街道のなかに、かつては油屋さんが商品を荷上げしていた運河があり、その脇に榎《えのき》の木と椨《たぶ》の木が2本絡まり合った「縁の木」があります。この地域では「荒神さん」と呼ばれています。一本の木のようになっていることから「連理木《れんりぼく》」と言われ、恋人同士や夫婦の縁を固く結ぶ象徴です。恋人同士が手を繋いで荒神さんの木肌に触れると、縁を確固たるものにできるといい、木綿街道の縁結びスポットになっています。

宇美神社の参拝の前後に木綿街道を散策し、さらなる縁結びを願ってみるのもおすすめです。

縁切・縁結の方法

① 木札を購入する。

② 木札の表に名前（我）、切りたい縁（切）、裏に結びたい縁（結）を記入する。

③ 神前に木札をお供えし、縁切りのお願いをする（二礼二拍手一礼）。

④ 切りたい縁の部分を折り、切りたい縁が書いてあるほうに息を吹きかけ、縁切箱に入れる。

⑤ 残った木札を持って、左方向（時計回り）に本殿を回り、縁結神社にお詣りする（逆に回ると縁切りをしたものとまた結ばれて復縁してしまうと言われているので注意）。

⑥ ⑤の木札を縁結神社の前に供え、縁結び祈願をする（二礼二拍手一礼）。祈願した木札は大切に持ち帰る。

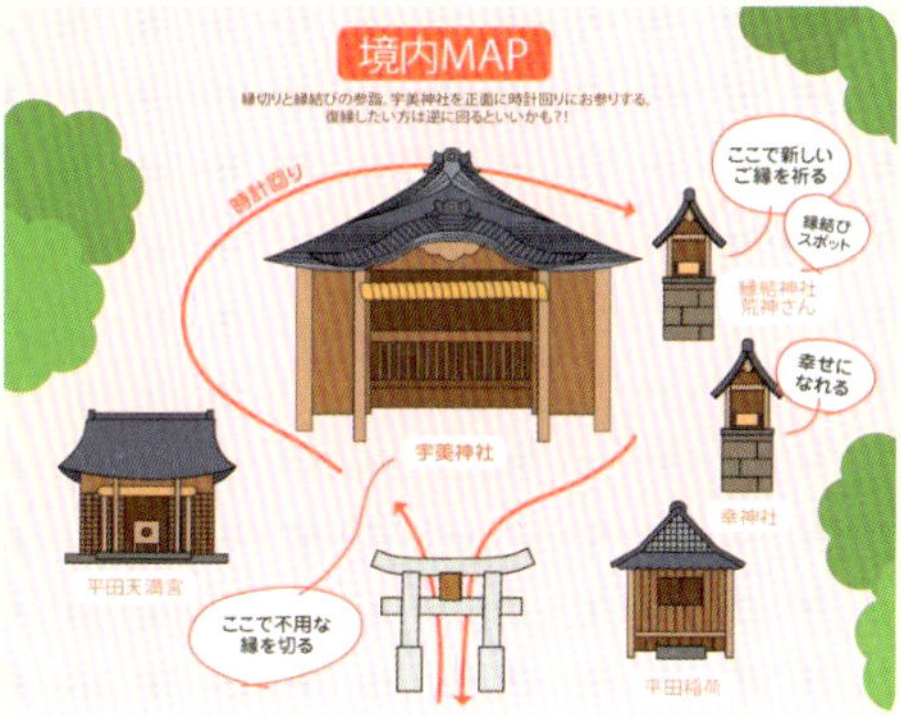

※宇美神社にて縁切りの決心がつかなかった場合には、封書にて縁切りの木札を宇美神社に送付してください。

ご祭神

布都御魂神ほか 17 柱

データ

【住所】島根県出雲市平田町 688-1　【電話】0853-62-3028

【アクセス】一畑電車北松江線「雲州平田駅」より徒歩 10 分

ご祈祷は要予約。ご祈念料とお守りのセットで5000円〜。
縁切割礼のお供えのみなら500円（予約不要）。

【公式 HP】

木綿街道交流館　【電話】0853-62-2631　【FAX】0853-62-2632
【定休日】火曜日（祝日の場合は翌平日）【開館時間】9:00 〜 17:00

岡山・岡山市

最上稲荷山《さいじょういなりさん》 妙教寺《みょうきょうじ》

最上稲荷《さいじょういなり》

離別天王《りべつてんのう》と縁引天王《えんびきてんのう》 相反するご縁の神さまが力をあわせて 悪縁から引き離す

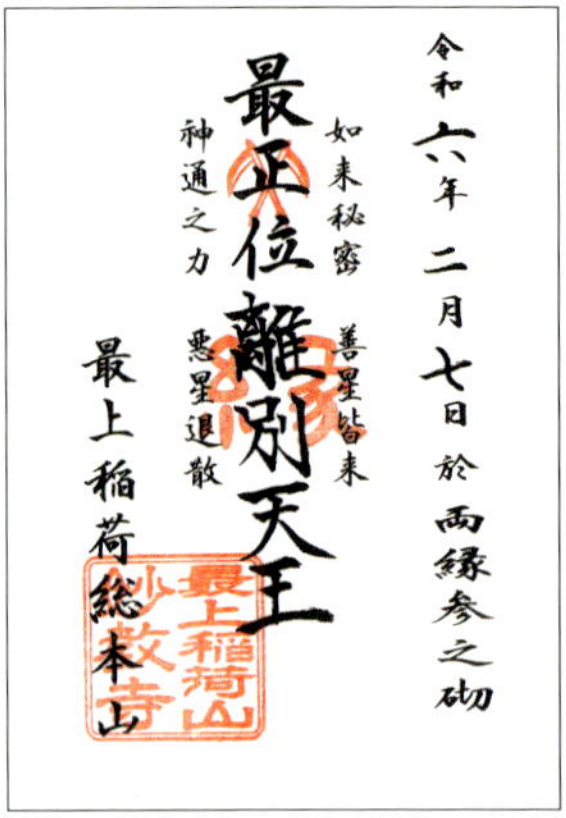
令和六年二月七日 於 両縁参之砌
最正位 離別天王
如来秘密 善星皆来
神通之力 悪星退散
最上稲荷総本山
最上稲荷山妙教寺

離別天王の御朱印は、1月を除く毎月7日の両縁参り参加者限定で希望者に授与される。

縁切りと縁結び、両方の神さまを味方につける

「最上さま」の名で親しまれている最上位経王大菩薩（さいじょういきょうおうだいぼさつ）をご祈祷本尊とし、年間約300万人がお参りに訪れる最上稲荷は、正式には最上稲荷山妙教寺という日蓮宗の寺院です。明治の神仏分離令（1868年）が出された際、神仏習合の形態が許された貴重な稲荷として知られています。

高さ27・5メートル、柱の直径4・6メートルという存在感を放つ大鳥居や、インドの殿堂様式で建造された石貼りの仁王門、神宮形式をあわせ持つ本殿（霊光殿）をはじめ、神道と仏教が一緒に信仰されていた時代の形態が数多く残っています。

霊光殿の東奥には、最上尊にお仕えして衆生救済の手助けをする神さまが祀られている七十七末社（しちじゅうしち

昭和47年（1972年）に建立されたベンガラ色の大鳥居は、最上稲荷のシンボルの一つ。

離別天王

縁の末社の左手に鎮座する離別天王のお社。奉納品授与所で縁切札に願い事を書き、お参りする（P81 ❶〜❻）。

縁引天王

縁の末社の右手に鎮座する縁引天王のお社。奉納品授与所で縁結絵馬に願い事を書き、お参りする（P81 ❶〜❻）。

まっしゃ）があり、それぞれの神さまによるご利益は多岐にわたります。なかでも、最正位（さいしょうい）離別天王と最正位縁引天王は、人間関係に限らず、病気や悪癖など諸々の悪縁を絶ってくださる「離別さま」、男女の縁だけでなく仕事や学業、習い事などさまざまな福縁を結んでくださる「縁引さま」として江戸時代から信仰されています。両天王が並んで祀られている縁の末社では、悪縁を絶つ「縁切り」と、良縁を結ぶ「縁結び」をあわせて行う両縁参りでご利益が深められるとされています。

ご縁についての説法が聞ける僧侶直伝の両縁参りが人気

離別天王と縁引天王の両方をお参りする両縁参りは、縁を絶つこと、縁を結ぶこと、双方をあわせることで、悪循環から脱して新たな可能性を引き寄せることに繋がるといいます。参拝方法はホームページやリーフレットでも

縁の末社の正面入り口。脇にある奉納品授与所で、縁切札や縁結絵馬に願い事を書く。

紹介されており、1月を除く毎月7日には、縁の末社にて僧侶が案内する両縁参りが実施され、人気を集めています。

境内にある祈祷受付、または電話の申し込みによる予約制で15名ずつ3回に分けて行われます(※)。奇数月は縁引天王、偶数月は離別天王の前で僧侶が祈願したあと、縁の末社の正式な参拝方法を教わりながら、縁切札や縁結絵馬を奉納します。

縁切り祈願、良縁・縁結び祈願、それぞれに撫で石があり、縁切撫で石では石の周りを時計回りに1周した後、縁切札を二つに割って、右手で縁切撫で石に願いを撫でつけるのに対し、良縁撫で石では、反時計回りに1周した後、左手で良縁撫で石に願いを撫でつけます。巡る順番や作法に気を配りながら、縁切札や縁結絵馬を奉納したあとは、ホールに移動して、ご縁にまつわる「ひとくち説法」を聞き、両縁参りの参加者のみに特別授与される縁御

悪縁を絶ち、良縁を引き寄せる両縁参りの参拝方法

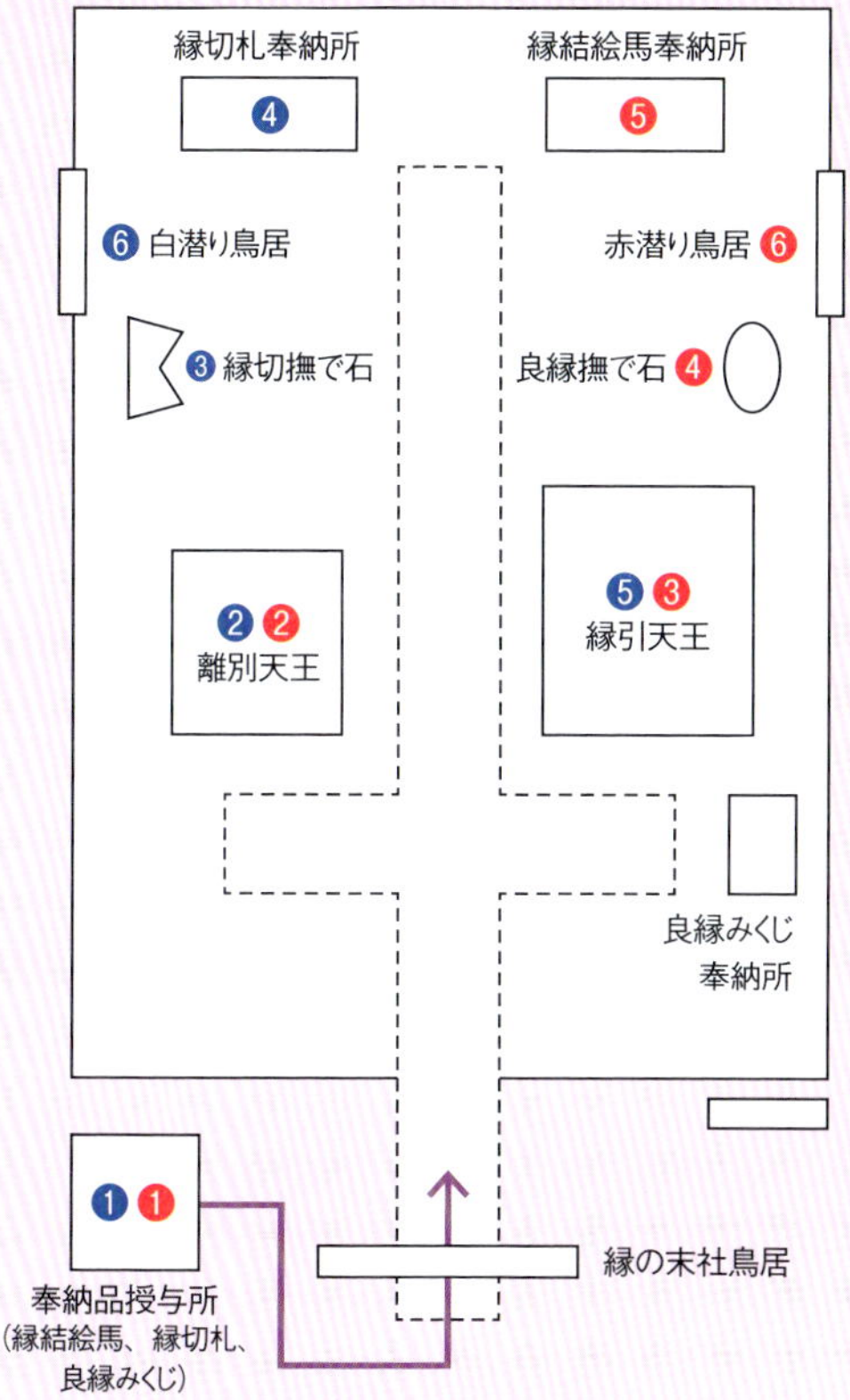

縁切りには左の図
❶〜❻の順でお参りする

❶奉納品授与所で縁切札に願いを書く
❷最正位離別天王にお参りする
❸縁切撫で石にお参りする
❹縁切札奉納所へ縁切札を納める
❺最正位縁引天王にお参りする
❻白潜り鳥居を潜って帰る

縁結びには左の図
❶〜❻の順でお参りする

❶奉納品授与所で
縁結絵馬に願いを書く
❷最正位離別天王にお参りする
❸最正位縁引天王にお参りする
❹良縁撫で石にお参りする
❺縁結絵馬奉納所に縁結絵馬を納める
❻赤潜り鳥居を潜って帰る

縁切り祈願では、縁切撫で石を時計回りに1周してから、縁切札を二つに割り、右手で縁切撫で石に願いを撫でつける。

守をいただくことができます。さらに、希望者には参加者限定の御朱印（別途500円以上）授与もあり、最上稲荷に初めて訪れる際には早めに予約をしたうえで、7日開催の両縁参りに参加することをおすすめします。

本殿で最上三神の最上位経王大菩薩、八大龍王尊、三面大黒天に合掌し、縁の末社での両縁参り、さらには七十七末社をあわせてお参りすることで、悪縁を寄せつけないほどの良縁が引き寄せられることでしょう。

※定員数を超えた場合には抽選となります。

「神さまに会いに行こうとする心持ちが良いご縁を引き寄せる一歩となります」

執事長 大瀬《おおせ》戸《と》泰康《たいこう》

――毎月7日に行われる両縁参りは、大変好評だそうですね。

もともとは年に一度、七夕の日に縁結びを祈願する行事として行っておりましたが、10年ほど前に縁の末社を整備してから、現在のような僧侶が案内する両縁参りを毎月実施するようになりました。以前の七夕行事のときには、ご本人ではなく娘さんの代理でお参りされるご親族の方が多くを占めていましたが、現在はご本人が申し込まれて参加される方がほとんどです。

――縁の末社でお参りをする上で大切なことを教えてください。

縁切りの神さまである離別天王のお名前にもある通り、悪縁を「切る」のではなく「離す」ということを意識して願かけをするようにお伝えしています。その後、縁の末社にある縁切撫で石に願いを撫でつけ、体のなかの悪いものを離してきれいにしていただく。その上で新しいご縁を縁引天王に願かけします。

また、御朱印集めやパワースポット巡りなどで気軽に参拝される方も増えているようです。縁切りや縁結びに限らず、いろいろなきっかけやお悩みによって各地をお参りされることは良いことだと思います。訪れてみて気持ちの良い場所だと感じたら、今度は話を聞いてみるなどして仏さまや神さまとのご縁を深めていかれたら、なお良いと思います。

――縁切りのご祈祷を個別でお願いすることもできるのでしょうか。

本殿でのご祈祷は合同でお受けいただきますが、最上稲荷の最古の建物で寛保元年（1741年）に再建された旧本殿（霊応殿・経王殿）での縁切り特別祈祷は、一組限定で受け付けております。

当日は僧侶が面談室（個室）でお悩み事などを詳しくお聞きしたあと、旧本殿でご祈祷を受けていただきます。

一番奥の建物が岡山市重要文化財に、その他の建物が登録有形文化財に指定されている旧本殿。

最上稲荷本殿（霊光殿）。開山千二百年記念事業により、5 年の歳月を経て昭和 54 年（1979 年）に完成した。

ご祈祷後には離別天王のお札と縁切札を授与しますので、縁の末社へご参拝の上、縁切札をお納めください。健やかな心持ちで、前向きに日々をお過ごしいただけるよう、丁寧にご祈念させていただきます。

ご本尊

久遠実成本師釈迦牟尼仏（くおんじつじょうほんししゃかむにぶつ）、
最上位経王大菩薩（ご祈祷本尊）

データ

【住所】岡山県岡山市北区高松稲荷 712

【電話】086-287-3700

【アクセス】JR「岡山駅」西口よりタクシーで約 20 分／ JR 桃太郎線（吉備線）「備中高松駅」よりタクシーで約5分

【公式 HP】

山口・岩国市

白崎八幡宮《しらさきはちまんぐう》

悪縁も複雑化する現代
オンラインでの
縁切り祈願という選択

剣にご縁の深い武甕槌大神と
素盞嗚命のご神徳で、
悪縁を断ち切る縁切り剣守り（900円）。

白崎八幡宮に神様はいない？ネット社会での噂の影響力

五連のアーチが美しい、日本を代表する木造橋の錦帯橋（きんたいきょう）から車で10分弱。灯篭が連なる坂道を上った先に、白崎八幡宮があります。

鎌倉中期に領主・清縄左衛門尉（きよなわさえもんのじょう）源良兼により創建され、主祭神には、応神（おうじん）天皇、仲哀（ちゅうあい）天皇、神功（じんぐう）皇后の三神が祀られています。創建750年の式年を迎えた2000年には、社殿を移築し、神楽殿と社務所の改築をして大駐車場を設けるなど平成の大造営事業を経て、地域の方にも観光客にも参拝しやすい神社として信仰を集めています。

お守りの種類が豊富なことでも知られ、テニスの2021年全豪オープン

創建から775 年続く、弘中三河守（ひろなかみかわのかみ）所縁の白崎八幡宮本殿。

白崎八幡宮へは岩国玖珂（くが）線沿いの入り口から車で登れる坂道と、木々に囲まれた石段とコースが選べる。今津川沿いの立地なので、見晴らしもよく、風も気持ちがいい。

で大坂なおみ選手が優勝し、4度目のグランドスラムを制覇した際、ラケットバッグにつけていたお守りが白崎八幡宮の「必勝守」だったことから、さらに注目が集まりました。

一方で、「白崎八幡宮には神様がいない」との噂が立ち、インターネットを通じて広まりました。その発端について白崎八幡宮側は、「ここでお墓参りもできたらいいのに」という地域の方々からの要望に応えるため、神社が納骨堂を設けることをよしとしない神社本庁を脱退し、納骨堂の建設に踏み切ったことが悪い評判となって広まったのではないかと説明し、神様不在の噂については否定しています。

誰かに喜ばれても、一方では反感を買ってしまうように、物事は受ける側によって解釈はさまざまです。本意ではないことも、さも真実のように容赦なく広まるネット社会の怖さを改めて実感します。

縁切り祈願を求める声に 剣の神様とともに応える

主祭神が祀られている社殿の左側には境内末社が並び、住吉神社、猿田彦神社、稲荷神社、白蛇神社、恵比寿神社などを参拝することができます。近年は、剣の神様である武甕槌大神（タケミカヅチノオオカミ）を配祀神《はいししん》とする劒（つるぎ）神社と、ヤマタノオロチを退治した素盞鳴命（スサノオノミコト）を配祀神とする粟嶌（あわしま）神社へ、悪縁を切るためにお参りする人が増加。それに加えて、宮司に縁切り祈願をお願いしたいという声が届くようになったた

素盞鳴命が祀られている境内末社の粟嶌神社。

（左）剣の神様である武甕槌大神が祀られている境内末社の劔神社。（上）初穂料1万円以上の縁切り祈願に限り、鎌を刺して祈願する鎌立神事が行われる。

め、武甕槌大神と素盞嗚命の剣のパワーにあやかり、男女の悪縁や仕事のしがらみ、物欲や食欲、色欲、事故や災難、悪運や借金など、さまざまな悪縁を絶ち切る縁切り祈願を本格的に執り行うようになったといいます。

ただし、相手を呪ったり、恨んだり、誰かを不幸に陥れるような祈願は行わないことを宣言しており、また、縁切り祈願のあとには境内に祀られている良縁結び布袋尊に良縁祈願もあわせて行います。悪縁を切るのは、新しい良縁を呼び込むためであり、切った縁をそのままにせず、必ず新しい良縁を繋いでほしいという願いが込められているのだそうです。

時代の変化を受け入れながら信仰のスタイルも変化する

白崎八幡宮では、YouTubeに「白崎巫女チャンネル」を開設して、境内の案内やお守りの紹介、参拝の作法について、また行事の報告などを動画で紹介しています。

「バーチャル参拝」と銘打った動画は、実際に訪れているかのような疑似体験ができ、コロナ禍に動画を試聴しながら、いつか訪れてみたいと思う方も多かったことでしょう。

緊急事態宣言が解除されても不要不

YouTubeによるライブ配信では、神職によるお清め、代表玉串等の様子を試聴しながら一緒に祈願ができる。

急の外出を自粛する生活が長く続き、参拝をためらう高齢者や受験生も多く、お守りだけでも欲しいと通信販売の要望が多く寄せられたといいます。

　そのような状況を鑑みて、白崎八幡宮では開運厄除け祈願や合格祈願、縁切り祈願、復縁成就祈願など、神職が祝詞奏上や玉串拝礼の祈願を行い、後日、授与品を郵送などで自宅に送るオンライン祈願をスタートさせました。ライブ配信試聴を希望する方には祈願の日時を相談して決め、YouTubeのライブ配信で複数の場所からでも同時試聴の形で祈願できるようにしました。

　オンライン祈願は遠方にお住まいの方や持病などにより参拝できない方に喜ばれているだけでなく、悪縁に悩む方からの申し込みが非常に多いそうです。誰にも相談できずに救済を求めて情報を検索するなかで、白崎八幡宮のオンライン祈願にたどり着いた瞬間、まさに神様の存在を感じたに違いありません。

　もちろん、現地に参拝に訪れて直接祈願をしてもらうことが望ましいのでしょうけれど、心に余裕がなければ出かけることもためらわれるものです。オンライン祈願で悪縁から解放されたあとに、お礼参りをしながら観光旅行を思いきり楽しむ信仰のスタイルがあってもよい時代になったのです。むしろ、これからのスタンダードになるかもしれません。

オンラインでの縁切り祈願は、初穂料3000円・5000円・1万円の3種類から選ぶことができ、1万円の場合には、悪縁一切消滅祈願札・人形札・神塩（150グラム）・御久米・御神酒・金箱入り身代りお守り・縁切り剣守り・千里将願札が授与される。

「一人で悩むことに疲れたら神様に頼って、前を向きましょう」

祢宜《ねぎ》 山塚博史《やまつかひろし》

――縁切りのご相談が昨今とても増えているそうですね。

白崎八幡宮は、もともと縁切り神社を名乗っていたわけではありません。ご相談を受けて縁切り祈願を行い、ご神徳を感じたご参拝の皆さまが口コミで広めてくださり、少しずつ縁切り神社として知られるようになりました。

縁切り祈願というとネガティブなイメージを持たれる方が多いなかで、白崎八幡宮が縁切り祈願を積極的に行う理由は、この世のすべては表裏一体と考えるからです。表もあれば裏もある。縁を結びたいという願いの数だけ、縁を切りたいという願いもあるのが道理です。

――悪縁なのか、自身の問題なのか、悩む人もいるのではないでしょうか。

人にはさまざまな悩みや事情があり、ときにそれは人を成長させることもあります。しかし、自分を傷つけるような悪縁は、すっぱりと断ち切ることも大切です。男女間だけでなく、最近では人間関係における悪縁も複雑化しています。インターネットを通じてのトラブル、ギャンブルや飲酒などの依存症も深刻です。離れたいのに離れられない、やめたいのにやめられない。悩むことに疲れたら、ご神徳にすがることも解決法の一つかもしれません。

――縁切りを祈願する上で、気をつけるべきことはありますか。

絶対に避けていただきたいのは、他の人の不幸を願うことです。

縁切り祈願は、人や物事との縁を切りたいと願うこと。人の不幸を願うのは縁切り祈願ではありません。神様の前で邪心を抱くことは厳に慎んでいただきたいと思います。悪縁や悪癖を絶つ縁切り祈願は、ご自分が前を向くために行いましょう。

縁切り祈願のあとには、良縁結び布袋尊に良縁を新たに繫いでもらえるよう祈願する。

夕刻を過ぎるとライトアップされて、昼とはまた違った景観が広がる。

魔除け効果が期待できる3つのパワーストーン（マラカイト・オニキス・水晶）がおさめられた縁切り神石守（1800円）も人気。

ご祭神

應神天皇、仲哀天皇、神功皇后

データ

【住所】山口県岩国市今津 6-12-23

【電話】0827-29-1122

【アクセス】JR「岩国駅」よりバス6 分「八幡バス停」下車、徒歩 2 分

【公式 HP】

高知・南国市

信貴山《しぎさん》 朝護孫子寺《ちょうごそんしじ》 高知別院《こうちべついん》
龍王院《りゅうおういん》 宗圓寺《そうえんじ》

切りたい縁への念を刃物に移して納めお不動様の剣で一刀両断

不動堂のなかで剣を振りかざす縁切不動明王。

誰しも切りたい縁が一つや二つは必ずある

弘法大師が四国は大津の港に着いた折、滝音に誘われて訪れ、滝にうたれて身を清めたと伝えられている毘沙門の滝。この滝の東側に龍王院宗圓寺があります。毘沙門天の総本山である奈良の信貴山朝護孫子寺の高知別院です。

　龍王院宗圓寺は信者寺で、宗派に関係なく誰でも気軽に参拝や祭事への参加ができます。ご本尊である必勝毘沙門天がさまざまな福徳を授けるとされている他、縁切不動明王に悪縁を切ってもらいたいと、県の内外から多くの参拝者が訪れる縁切り寺としても知られています。

　龍王院宗圓寺では、男女の縁、前世の因縁、事故や病気、賭け事やお酒といった悪縁にとどまらず、日々の生活で不安に思うような縁、たとえば認知症や不眠症、詐欺被害やブラック企業

本堂に祀られている必勝毘沙門天。

縁切不動明王が祀られている不動洞の入り口。

との雇用関係、物価高騰や予期せぬ出費など、切りたい縁の一つや二つは誰にでも必ずあるとして、人生を好転させるきっかけとなる縁切り祈願を積極的に行っているそうです。

縁切不動明王は境内の一角にある不動洞のなかに祀られており、洞窟のような入り口から進むと、剣を高く振りかざした縁切不動明王の石像が睨みをきかせて迎え入れてくれます。

お不動様の立派な剣にちなんで、鎌や包丁などの刃物に願い事を書いて奉納されています。薄暗い不動洞内にびっしりと鎌が並ぶ光景は怖くもありますが、手を合わせて一心に願ううちに、悪縁を置いていけるという安堵の気持ちに変わっていくのを感じます。

月に一度行われる護摩供で浄火して成就させる

龍王院宗圓寺では12月を除く毎月28日に、真言密教の奥義である護摩供が行われています。護摩木に書かれた願い事をお不動様と毘沙門様に聞いてもらい、護摩木を燃やすことで祈願者の煩悩が消えて清められ、願いが成就するというご祈祷です。

本堂地下にある暗いお堂のなかで、護摩木から勢いよく炎が上がると、バチバチと焚かれる音とともに、住職の読経が響き渡ります。非日常的な空間で、願うことに集中するという体験は

ご本尊である毘沙門天の前で護摩木を読み上げて祈願し、本堂地下へと移動して護摩供が行われる。

とても厳か。護摩供のあとは心地よい疲労感がありながらも、気持ちがスッと楽になったように感じられます。

　毎年12月31日の夜には不動洞のなかで除夜の護摩祈祷が行われます。厄を払い、悪縁を切って気持ちよく新年を迎えようと、参拝者が続々と訪れては、炎に照らされる縁切不動明王に手を合わせるのだそうです。

　昨今はストーカーや浮気などの問題が深刻化したり、ちょっとした言動がSNSを通じて非難を浴びたり、一人で悩み続けて余計につらい状況に追い込まれることも少なくありません。身近な人に相談しにくい悪縁こそ、縁切不動明王の力を借りて断ち切り、必勝毘沙門天からの福徳を受けて運を開いていくべきでしょう。

護摩供では、住職が願い事の書かれた護摩木を焚いて祈祷する。

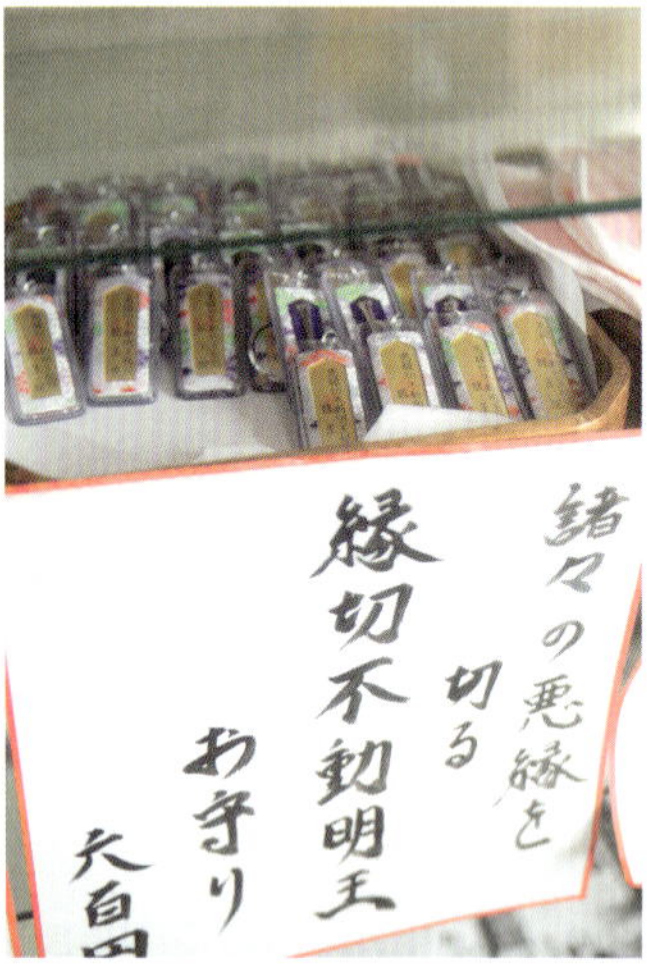

携帯しやすい縁切不動明王お守りは600円。

鮮やかな朱色が映える本堂の脇に、弘法大師像が鎮座する。

柄に願い事と名前、生年月日を書いて納める縁切り祈願鎌は2000円。

不動洞のなかには縁切不動明王を囲むように大量の鎌が奉納されている。

「縁切りは、人生を前進するために必要なリセットです」

住職　宗圓龍慶《そうえんりゅうけい》

――自然が豊かで、とても気持ちのいい場所ですね。

当院は先代の住職が昭和58年（1983年）にこの地で開山しました。訪れた方にとって癒しの場となるよう、境内を散策しながらたくさんの神仏に参拝できます。また、地域の方々の交流の場であってほしいので、節分会や万灯会《まんとうえ》など屋外で行う年中法要にも力を入れています。地域の方はもちろん、各地から参拝に来られる方も、ともに楽しんだり、祈ったり、助け合ったりという関係性が自然と生まれればよいと思っています。

――四国八十八ヶ所霊場を巡礼される方などもお参りに来られますか。

南国市にある第29番札所の摩尼山宝蔵院国分寺（まにざんほうぞういんこくぶんじ）と、高知市にある第30番札所の百々山東明院善楽寺（どどざんとうみょういんぜんらくじ）との間に当院がありますので、お大師様が滝に打たれたとされる毘沙門の滝を訪れながら当院へ立ち寄ってくださるお遍路さんもいらっしゃいます。

また、数年前には香港からも団体でご来山いただきました。通訳の方に説明をしていただくと、皆さん真剣な表情で奉納用の鎌に書き込みをされていました。そのなかには、「病」や「悪」の文字が多く含まれているのです。国は違っても切りたい悪縁があり、祈りたい思いは一緒なのだと感じました。

――信者寺ですので、お寺と檀家さんという関係性がないわけですが、心がけていることなどはありますか。

先代住職は日頃から、人生相談を受け付けてその方の力になれるよう努めることを信念の一つとしていました。親身に悩みを聞いて、相談者の心に寄り添うことで、悩みから解放されていく相談者の姿を目にするたびに、私も困った人を救える僧侶になりたいと思

気さくに話してくださる宗圓龍慶住職。

いました。

　そして住職となった今、人生相談を通して人の力になれるように努めています。どなたでもご遠慮なくお電話にてご予約いただき、ご来山ください。

──昨今、悪縁に悩まれて参拝に来られる方々について、どのように受け止めていらっしゃいますか。

　現在は「縁切り寺の龍王院」と皆さまに認識されているため、「私は〇〇〇を切りたい」と自身で決めて来られる方が多いです。そうした方は、縁切りの鎌を納めたり、護摩供に参列されたりすることで執着を断ち切り、清々しい気持ちで帰っていかれます。

　けれども、来てみたはいいけれど何を切ったらいいのか悩まれる方や、人生相談に来られる方のお話を聞いていますと、自身にとって何が良くないか、幸せを妨げている物・こと・人・思いなどがわからず、抜け出せずに苦悩されているような方も少なくありません。

──そのような苦しい状態から抜け出すにはどうすればいいでしょう。

　日頃から心を許せる人に話ができて、自分を見つめることができれば、幸せを妨げている要因が見えてくるでしょう。その上で自分にとっての悪縁を切ることで、運は開け

龍王院宗圓寺の近くには、弘法大師が滝にうたれて身を清めたと伝えられる毘沙門の滝がある。

七福神や干支守り本尊など、ご真言が記された立て札とともに参拝スポットがたくさんある。

参列する祈願者の煩悩を
炎で燃やし、清めていく。

ていきます。私自身もリセットできる、場所、人、物、時間が必要だと考えております。

もしも話せる相手がいないと諦めているのだとしたら、その諦めやネガティブな思考との縁切りをしてみてはどうでしょうか。そのあとにどのような感情と出合えるかによって、また次に何をしたらよいかが見えてくるのではないかと思います。

――自分自身と向き合うことは簡単なようでいて、とても難しいことのように感じます。

やはり、現代に生きる人は心に余裕が持てなくなってしまいがちです。時間に追われ、情報に迫られ、多くのプレッシャーを背負っています。立ち止まる時間、自分を解放する時間を持つことを心がけて、自分を褒めたり、励ましたり、反省することも必要です。そうした自分との対話から生まれる心の余裕が、前に進むエネルギーとなることでしょう。

龍神を背にした滝本不動尊がそびえ立つ境内の中央（道場）で、毎年2月の第1日曜日に、厄除けや星除け、諸願成就を願う鳴道釜供（めいどうがまく）節分会大祭が盛大に行われる。

ご祀仏

毘沙門天、縁切不動明王ほか

データ

【住所】高知県南国市岡豊町滝本 1-2

【電話】088-866-1360

【アクセス】土讃本線「高知駅」よりバス20 分「毘沙門口」下車、徒歩 10 分／高知インター、南国インターより約 10 分／高知龍馬空港より車で 20 分

【公式 HP】

山門をくぐると開山堂の上から白龍観音菩薩が出迎えてくれる。

福岡・朝倉市

美奈宜神社《みなぎじんじゃ》境内社《けいだいしゃ》
白峯神社《しらみねじんじゃ》

怨霊と恐れられた崇徳《すとく》天皇が自分のように苦しまないよう人々の悪縁を絶ち切る

美奈宜神社本殿の裏手にある白峯神社のお社。

悲運の天皇の御霊を祀る

筑後川《ちくごがわ》の流れる朝倉市林田の地に、大国主命（オオクニヌシノミコト）、素戔嗚命（スサノオノミコト）、事代主命（コトシロヌシノミコト）の出雲三神をご祭神とする美奈宜神社があります。大国主命は縁結びの神様としても知られており、また本殿の裏手に境内社として鎮座する白峯神社は悪縁を絶つご利益があるとされ、縁結びと悪縁切りを同時にお願いできるスポットとしても有名です。

白峯神社のご祭神は、第75代天皇の崇徳天皇で、とても悲しい境遇にあったと伝えられています。父である鳥羽上皇から我が子でないと疑われ、また、弟である後白河天皇との確執による政権争いに巻き込まれ、保元の乱で敗北後には罪人扱いされて京から讃岐（香川県）へ流されました。

讃岐は林田という地にあった雲居御所で約3年、一切の欲を断ち切って過ごしました。帰京が許されないのなら、せめて大乗経の写本を戦死者の供養と反省の証として、京都の寺に収めてほ

かわいくて携帯しやすい縁切りお守りは1体800円。

しいと朝廷に願い出るも、後白河院に拒否されます。二度と京都の土を踏むことなく配流から8年後に45歳で崩御されました。没してもなお帰京は許されず、讃岐の地に白峯陵（しらみねのみささぎ）が設けられました。

　後白河院や朝廷への怒りから、夜叉のような姿に変貌し、生きながら天狗になったという説もあり、崇徳天皇の死後、京都で多くの災いが続いたことから、日本史上最大の怨霊として長く恐れられてきました。崇徳天皇の御霊を慰め奉るため、雲居御所と同じ「林田」の地名であったことから、九州の美奈宜神社に白峯神社が建立されたと伝わっています。

神様に宛てた願い文《ぶみ》で心の内を正直に伝える

　配流先である讃岐の地に、すべての欲を断ち切って籠《こも》られた崇徳天皇がご祭神であることから、白峯神社はあらゆる断ち物へのご利益があるとされています。そして崇徳天皇自身が、戦によって、愛する阿波内侍（あわのないし）との別れを余儀なくされたことから、幸せな男女の縁を妨げるすべての悪縁を絶ち切るご神徳が篤《あつ》いとされて、恋人や夫婦そろっての参拝も多いといいます。

　白峯神社と美奈宜神社では、願い文の用紙（1枚500円）に、自分はどうなりたいのか、神様にどうしてほしいのかなどを具体的に書いて、白峯神社脇にある願い文・みくじ掛けに結んで祈願することができます。願い文は折りたたんで結ぶため、絵馬のように誰かの目にさらされる心配がありません。言葉に出して言いにくいこと、うまく伝えられないことも、きっと神様は汲んでくださると信じて、心の内を素直に願い文に写して願いましょう。

　縁切りの白峯神社、縁結びの美奈宜神社（大国主命）、その他にもさまざまなご神徳のある式内十社に加え、淡島神社も鎮座されています。複数の神社をお参りするには、まずは白峯神社で悪縁を絶つことを祈願してから、良縁祈願などご祭神それぞれに祈願するとよいとのことです。

鳥居の正面に白峯神社のお社、左脇に願い文・みくじ掛けがある。

「話すこと、書くことで気持ちが整い、前を向くことができる」

宮司　内藤主税《ないとうちから》

——悪縁を切りたいとお参りに来られる方が増えていることをどのように感じていますか。

SNS時代を迎えたことにより、誰もが簡単に情報発信でき、瞬時に欲しい情報が得られるようになりました。今では白峯神社のご神徳について知った多くの方が、全国から縁切り祈願に来られるようになりました。ストーカー行為に悩まれる方からの悪縁を絶つご祈願の依頼も多数寄せられており、人と情報、人と人との繋がりにおける変化を強く感じています。

美奈宜神社本殿でさまざまな祈願祭を執り行いますが、悪縁に悩まれる方の多くは、私に祈願の内容を伝えながら、気持ちの整理をつけておられます。そして祈願祭が終わると、それまでの悩みに区切りをつけて帰られます。これは願い文を書いて納めることでも同様です。神様に宛てて書くものですから、私に話すよりもさらに正直な気持ちを伝えられるかもしれません。

——神様の前で、お願いの手紙をしたためて納めていくのですね。

願い文のための紙をご用意しております。パソコンやスマホでは流暢な文章を入力できても、いざ紙に向かって書くとなると、書き出し方がわからない、漢字を忘れてしまっている、伝えたいことがまとまらないなど、すんなり書けない方も多いのではないでしょうか。そうした方のために下書き用紙も設置してあります。

願い文を書き上げることは、立ち止まり、自身を見つめ、これからの指標を示すことでもあります。どうぞ、下書きをしながら時間をかけて、素直な気持ちで書き上げてください。また、悪縁を切りたい相手の方の以後の幸せも祈りたいものです。

——祈願したあとに、心がけておくことなどはありますか。

人には本来、自身で気持ちを整えな

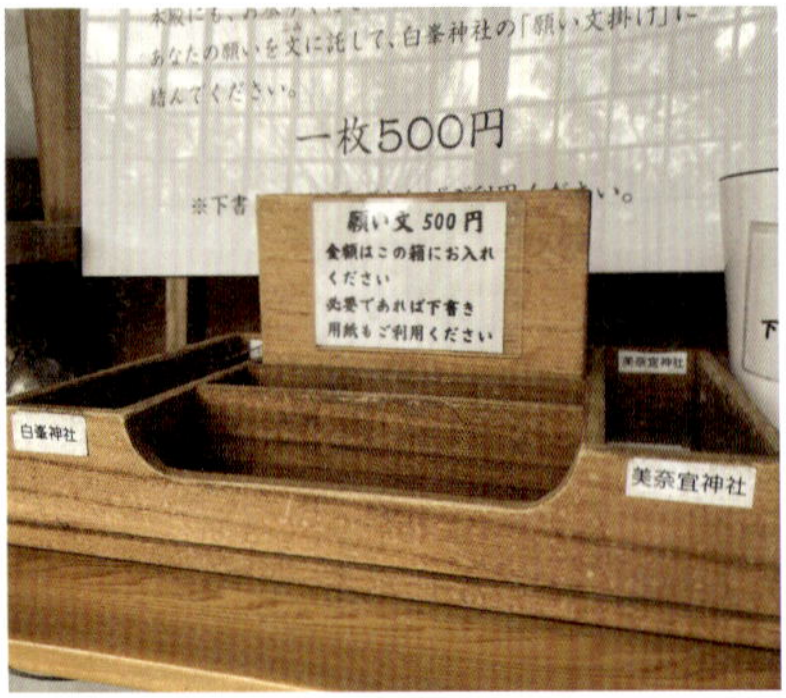

願い文は1枚500円。
自由に使える下書き用紙も用意されてある。

（右）平成 29 年九州北部豪雨で土砂に埋もれた場所は、今では梅の名所となっている。
（下）美奈宜神社本殿の中央殿に大国主命、東殿に素戔嗚命、西殿に事代主命が祀られている。

が心身の健康を維持する力が備わっていると思います。けれども、無理をしながら生きているうちに耐えられなくなったり、ひずみができてしまったりして、人間関係に悪い影響が及んだり、お酒や賭け事など害のあるものに依存したりすることもあると思います。

ですから、縁切り祈願のご利益を得たあとも、心に余裕を持って、無理せずに生きられるよう、気にかけておくことも大切です。そのために、お守りを持ち歩いたり、願い文を書いたときのことを思い出して、手書きで素直な気持ちを書きとめたりするとよいと思います。

また、大きな災いに見舞われたときなど、生きる希望を失いかけることもあるかもしれません。平成29年九州北部豪雨では美奈宜神社敷地内にも大量の土砂が流れ込んで、小学生たちと一緒に整備していた人工のホタル川も埋まってしまいました。地域の方の癒やしや希望になればと願い、その場所に梅園を造りました。

命があるということはそれだけで尊いものです。立ち止まったり、励んだりしながら、自分のため、誰かのために幸せを願い、一日一日を生きていきましょう。

ご祭神

崇徳天皇、素戔嗚命、大国主命、事代主命ほか

データ

【住所】福岡県朝倉市林田 210
【電話】0946-22-5358
【アクセス】甘木鉄道「甘木駅」より甘木観光バスにて約 15 分「林田」下車、徒歩 3 分

【公式 HP】

お寺・神社だけではない

地域に佇む縁切り・縁結びスポット

本書では主に、縁切り・縁結びにご利益があるとされる神社仏閣、またはそれらにまつわるご神木などをご紹介しています。それ以外にも、山中に祀られているお地蔵様、街の片隅で人々を支える大樹など、縁切り・縁結びスポットが日本各地に見受けられます。ご自宅の近くの通りや、ふと通りかかった住宅街、偶然訪れた旅先などに佇む特別な場所を見つけてみるのも、心の拠り所になるかもしれません。

都心に立つご神木

大都会の真ん中にも、縁切りスポットとして名高い場所があります。東京都は板橋の住宅街の片隅にある、縁切りにご利益があると長く大切にされてきた榎《えのき》の木です。とある夏の日に訪れると、強い日差しのなかでも、ひっきりなしに参拝する人々の姿が。ごく狭い土地に小さなお社、榎の木が立ち、びっしりとお願いが書き込まれた絵馬が掛けられています。

江戸時代から縁切りのパワースポットとして知ら

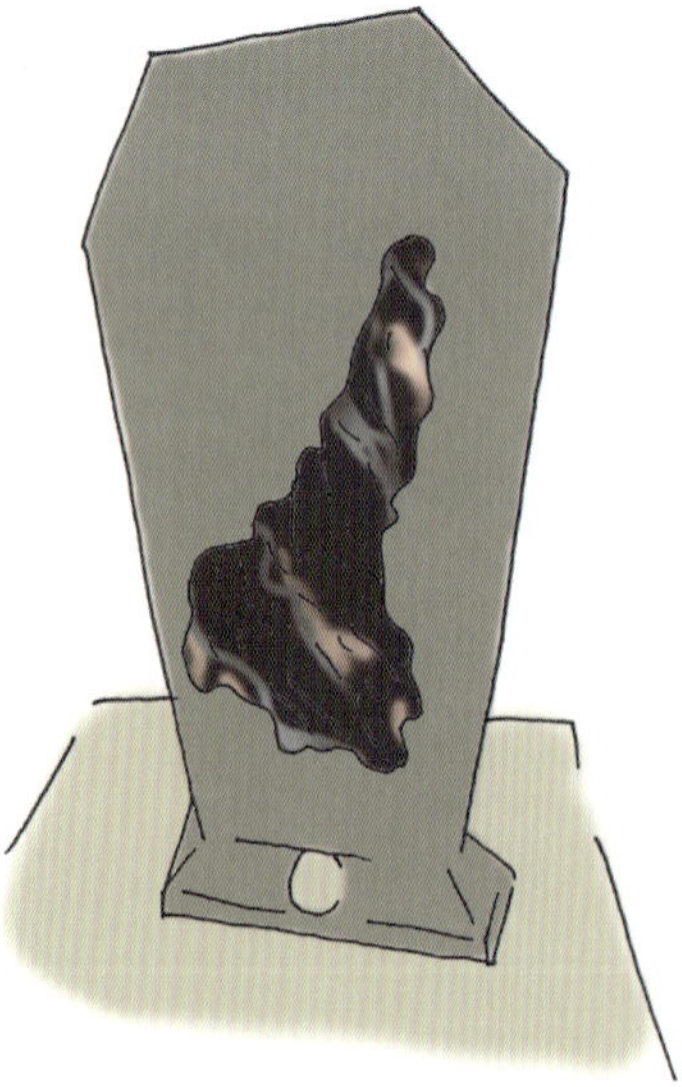

れ、長く祟りのある場所として人々に恐れられていたといいます。というのも、かつてこの地にあった旗本の屋敷の庭に生えていた榎と槻《つき》の木が、「えのつき」、語呂合わせで「えんつき」、つまり縁が尽きる、というふうに解釈され、やがて榎だけが残ったため「縁切り榎」として知られるようになったとされています。文久年間に皇女が徳川家に嫁ぐ際、婚礼の行列がこの榎に面した道をわざわざ避けて通ったという逸話からも、どれだけ恐れられていたかがわかります。

かつて、女性のほうから離縁を申し立てるのが難しかった時代。縁切り榎の樹皮を剥いで煎じたものを別れたい男性にそっと飲ませると効果があるといわれていました。初代の榎は明治時代に火災で焼けてしまい、その後、二代目は参拝の方々に樹皮を剥がされ続けたせいでしょうか、枯れてしまいましたが、境内の石のなかに埋められて残っています。現在境内に立っているのは三代目。樹皮を剥がすことはできないようになっていますが、訪れる参拝客は絶えません。

男女の仲だけでなく、自分のなかにある邪《よこしま》な気持ちやネガティブな思考、しつこい病魔や悪癖などとさよならしたい。そんなときにもぜひ訪れたい場所です。

お地蔵様のパワーで縁切りを

場所は変わって滋賀県。湖東近江平野の東側、かつて浄土寺があった場所は、現在はなだらかな山あいの土地になっています。近くにある天神社と呼ばれる拝殿の入り口、ご神木でもある大きな杉の木がそびえるあたりに、浄土寺地蔵笠石仏があります。

地元の人々の間では、「切り地蔵」という愛称で長く

親しまれてきた石仏は、幾つもの小さな石仏のなかに、一際目立って鎮座されています。長方形の石の中心部が彫られ、レリーフ状に地蔵菩薩立像が。丸みを帯びた体つきと、優しいお顔からは、「縁切り」のイメージは湧いてきませんが、夫婦の縁切り、お酒やギャンブルのような悪癖を断ち切るご利益があるとされています。

こんな優しいお顔つきをされているお地蔵様なら、お参りしたときに素直に心情を吐露できそうな気がします。

悲しい物語を今に伝えるお地蔵様

兵庫県たつの市にも、非常によく効くとされる縁切り地蔵が鎮座しています。野部縁切り地蔵尊です。

かつて鳥取の若侍と町娘が恋に落ちました。身分の違いから結ばれない恋だと知り、侍は藩主のお供で東京へ向かう行列に加わり、娘と離れようとしました。しかし、諦めきれなかった娘は行列を追い、たつの市あたりまで来たところでついに追いつきます。ところが、侍はそんな娘のことを斬り殺し、自らも命を絶ってしまいました。あまりに悲劇的な結末を迎えた二人のために、村人たちは塔を建て、侍の遺言通り、悪縁に悩む人々を救うための地蔵尊を勧請したのです。このお地蔵様が特に男女の縁切りにパワーを発揮するといわれる背景には、こんな逸話があったのです。

通りから階段を上がると地蔵尊が鎮座する部屋があり、靴を脱いで上がると、そこには悩める人々からの多くの手紙が壁にとめられています。声に出せないお悩みが、この場所にあふれているようです。

おどろおどろしい雰囲気のお堂

お悩みを封書にして壁に貼り付ける、そんな習わしがあるのは野部縁切り地蔵尊だけではありません。福岡県には野芥（のけ）縁切り地蔵尊があります。

福岡市内、中心部から地下鉄やバスを乗り継いでようやくたどり着ける住宅地の一角に小さな階段があり、その上に突然現れるお堂に驚きます。そこにお地蔵様があるとは思えない、不思議な空間です。

お堂のなかには、男女の縁に悩む人々からの手紙がところ狭しと貼り付けられていて、そのすべてに「野芥縁切り地蔵様」と宛名が。また、男女が背を向けてうつむく絵が描かれている絵馬も数多く掛けられていて、その恐ろしくも異様な光景に思わず背筋が凍ります。

さらに、お堂の中心部に鎮座する地蔵尊は、その元々のお姿が想像できないほど変形しています。これは、この地蔵尊の体を削って相手に飲ませると願いが叶うとされていて、訪れる人々が削り取っていったからです。この、ちょっとおどろおどろしい場所にも、それに見合う悲しい物語がありました。

1300年以上も前のこと。この地方の長者の息子兼縄とお古能姫（おこのひめ）の結婚が決まりました。しかし輿入れの当日に新郎が逃げ出してしまい、仕方なく新郎の父親は、「息子は死んだ」と嘘の言い訳をしてしまいます。すると、その知らせを真に受けた姫は野芥の地で自害してしまったというのです。この悲しい出来事に、土地の人々は男女の仲で苦しまないようにとの願いを込めて、ここに地蔵尊を勧進したのだとか。

生半可な気持ちで訪れてはいけないような場所ですが、心の底からお願いしたいことがある場合に、お手紙をしたためてみるのはいかがでしょうか。

女の情念が渦巻く井戸

最後にご紹介するのは、京都は下京区にある鉄輪の井戸です。

古い街並みの残る住宅街、小さく「鉄輪跡」とある石標が建つ格子戸の先へと進むと、赤い鳥居が見えてきます。鳥居をくぐると、左手には手水舎があり、正面に小さな祠が見えます。右手にあるのが「鐵輪」と描かれた小さな祠で、その横に井戸があります。

かつて、火鉢や囲炉裏に置いて鍋をかけた五徳のようなものを鉄輪（かなわ）と呼んでいました。あるとき自分を捨てて他の女を娶った男を恨んだ女は、その男を呪い殺そうと、頭に鉄輪を乗せ、貴船神社にて丑の刻参りに及びました。幸い男は安倍晴明により呪いを解いてもらい、命拾いしたそうですが、あまりひどいことをするとバチが当たる、そんな逸話です。

この井戸は、その女の住んでいた場所のものだとされ、一説には、そこへ身投げしたという逸話も残っています。

女の念がこもったこの井戸の水を、縁切りしたい相手に飲ませると効果があるといわれ、この井戸の水を汲みに来る人が絶えなかったのだとか。

現在は、井戸自体は枯れてしまっていますが、水の入ったペットボトルを持参してお供えし、お祈りを捧げるとその水に霊力が宿り、ご利益を得られるといわれています。

あなたのお住まいの近くにも、こんな縁切り・縁結びスポットがあるかもしれません。それぞれに興味深い逸話もありそうです。ご自分の気持ちを整理するために、このようなスポットを探して訪れてみてはいかがでしょうか。

※個人の敷地内にあり、ご厚意により開放されている場合もあるので、モラルに反することのないように十分に気をつけてお参りしましょう。

後編

沈思黙考　猪突猛進　朝三暮四　長楽未央　天衣無縫　低俗下品
天狗慢心　天上天下　得意満面　南無三宝　二律背反　内憂外患
同床異夢　貪瞋痴慢　熱烈願望　馬耳東風　八方美人　不倶戴天
不惜身命　百鬼夜行　風林火山　万事休す　人心掌握　背反
身相　名利　明鏡止水　自適　憂鬱悲哀　六道輪廻
老少不定　欲望充足　路頭苦難　四苦八苦　和光同塵　迷妄無知
無知蒙昧　無念無想　盲目偏信　優柔不断　悠々　良禽択木
悪因悪果　夢幻泡影　妄想執着　我執偏見　煩悩具足　苦果
散漫放逸　無駄口数　自己矛盾　放蕩無頼　頑固
一徹　失意喪失　忘恩負義　軽薄短小　色即是空

茨城・稲敷市

あんばさま総本宮
大杉神社《おおすぎじんじゃ》

ポジティブな体験で悪縁を断ち切るパワーを後押し日本で唯一の夢むすび大明神

「茨城の日光東照宮」とも言われる豪奢な造り。

陸の孤島に佇む「夢叶え神社」

日本で唯一の「夢叶え神社」として知られる稲敷市阿波《あば》の大杉神社は、全国におよそ670社ある大杉神社の総本宮。正月の初詣はもちろん、コロナ禍にも年間を通じておよそ50万人もの参詣者がさまざまな地域から訪れる、知る人ぞ知る神社です。

江戸時代までは、隣接する安穏寺《あんのんじ》を別当寺とする神仏混淆《しんぶつこんこう》の神社として、幕府を統治していた徳川家との縁も深く、また門跡《もんぜき》として皇族をお迎えすることもあったと伝えられています。

当時は河川・海上交通が主流で、現在の霞ケ浦や利根川を含む広大な内海を行き交う舟によって江戸と通じ、この辺り一帯は流通の拠点として隆盛をきわめ、現在とは比べものにならないくらい賑わっていたといいます。

やがて時代の変遷とともに道路や鉄道が整備され、水上から陸上へと交通手段は移行していくことになるのですが、どの駅からも遠い大杉神社は〝陸の孤島〟と言われてしまうほど公共交通機関の不便な場所となってしまっています。

ところが、願いを叶えてくれる強力なパワースポットとしては、そんな不便さまでもがかえって魅力となっているようで、「夢叶え」のご利益を求める人をはじめ、「悪縁切り」の儀式を楽しむ参詣者、さらには境内社のさまざまなご利益を求めて訪れる人々は後

彩色豊かな彫刻を施し、約 280 年ぶりに再建された楼門（麒麟門）。

本殿の裏にひっそりと佇む、競馬ファンに人気の勝馬神社。

を絶ちません。

自分の夢を叶えてくれる神社を探してお祈りするのも、大杉神社ならではの楽しみ方です。

日光東照宮のような派手さも魅力

大杉神社の一の鳥居は道路に面しており、そのすぐ後ろには二体の天狗の石像（ねがい天狗とかなう天狗）が据えられています。

鎌倉時代、源義経の郎党であった常陸坊海存（海尊）が数々の奇跡を起こしたことから、海存は大杉大明神の眷《けん》

連なる鳥居の先に立身出世にご利益のある稲荷神社がある。

本殿・幣殿・拝殿を繋ぐ社殿群は県内最大規模。

属《ぞく》で、その巨体、赤い頬ひげ、碧眼《へきがん》、鼻高という特徴的な容貌から天狗であるとの信仰へと発展。「夢叶え」のご利益は、この海存の奇跡に由来しているのだとか。

階段を上がったところに蒔絵のような美しい装飾を施された二の鳥居があり、その先の神門をくぐってさらに行くと、県内最大規模の複合社殿（本殿・拝殿ほか）が姿を現します。

霊獣である青龍《せいりゅう》や白虎の彫刻に極彩色で彩られた建物は、まるで日光東照宮のようにきらびやかで魅力的です。

大杉神社の創建は古く、奈良時代の神護景雲《じんごけいうん》元年（767年）までさかのぼります。高僧として知られた勝道上人（しょうどうしょうにん）が、病苦にあえぐ民衆を救うべく、この地に根差していた巨大な杉に祈念して三輪明神（みわみょうじん）を勧請《かんじょう》したことに始まります。以降、大杉大明神と呼称され、庶民の信仰を集めてきたのです。

境内の片隅でひときわ高くそびえる三郎杉（右）と、社殿群から少し離れた林のなかに静かに佇む次郎杉（左）。

「あんばさま」と呼ばれた杉の木とは

一方で、「阿波」という土地自体が、古くから神聖な場所であったことも語り継がれています。

『常陸風土記』のなかでは「安婆嶋（あばしま）」という地名で登場し、ウナカミ王国の統治下にあったと記されているのですが、同時に、この地にそびえる巨大な杉の木が、水上交通のランドマークとして、厄難を祓ってくれる守り神の「あんばさま」として、庶民から広く慕われる存在であったこともうかがい知ることができます。

ちなみに、当時「あんばさま」と呼ばれた巨杉（太郎杉）は残念ながら1778年に焼失。現在、ご神木として残っている杉は樹齢およそ千年の次郎杉（樹高40メートル）と、三郎杉（樹高28メートル）の二本です。

心を整理するための儀式

大杉神社は、悪縁切りにおいても長く頼りにされてきました。

ここ大杉神社では、目に見えぬ悪縁を具現化させたユニークな儀式が用意されています。悪縁を断ち切った先に、新しい出会いが待っていることをより強く実感できるようになっているのがポイントです。

厄除

疫病退散

悪縁切り

割れた土器で埋め尽くされた、悪縁切りの斎庭。

パーンと割って気分を晴らす 土器（かわらけ）割り

土器を叩き割る儀式（初穂料1000円）は、境内にある悪縁切りの斎庭（ゆにわ）と呼ばれる場所で行います。

① 土器を社務所で購入したら斎庭へ向かい、心のなかで次に示す呪言《おまじない》を三度唱える。

我思う　君の心は離れつる
我も思わじ　君も思わじ

② しっかり唱えることができたら、土器を落とし、叩き割る。

縁を切りたいものや人を想像すると、思わず力が入ってしまうかもしれませんが、願いを込めつつもフワッと落とすほうが、むしろ気持ちよく割れてスッキリします。ぜひ試してみてください。

炎を見つめて心を鎮める 人形（ひとがた）の護摩焚き

人形の護摩焚きによる悪縁切りの祈願（初穂料3000円）は、神門の手前にある護摩堂（悪縁切堂）で行います。

部屋のなかは、護摩焚きをする台がいくつか並んでいるだけで、カーテンを閉めれば、たちまち暗く閉ざされた空間となります。

ここで、手順を紹介しておきましょう。

① 社務所で購入した木の人形の裏面に絶ち切りたい思いをしたためる。

② 祈願を込めた人形は、護摩木を組んだ上に置き、火をつける。あとは燃え尽きるまで祈りながら見届ける。

強い思いがあふれ、びっしりと隙間なく書き込む方もいれば、ひと言、二

燃え尽きるまで見届けることで
心が落ち着いてくる。

言書くのが精いっぱいという方もいるといいます。どちらのほうが、ご利益があるのでしょう。――そう市川宮司に尋ねると、「決まりはありませんから、ご自身の納得のいくように、好きに書いてください」とのことでした。

お堂のなかは、誰にも邪魔されることなく過ごすことができるので、自らの心と向き合うにはうってつけの環境です。非日常的な空間に身をおいて、気兼ねなく縁切り祈願をしたい方にぴったりです。

事情があって現地まで行けない人には郵送によるご祈祷依頼も受け付けていますのでぜひご利用ください。

閉ざされたお堂のなかで非日常を
体験できる。

「つらいときに気楽に立ち寄れて晴れがましい気持ちになってもらいたい」

宮司　市川《いちかわ》久《く》仁《に》守《もり》

——土器割りでは動画を撮りながらやっている方もいるようですが、不謹慎ではないのでしょうか。

いえいえ。どのような心持ちで行うかは人それぞれです。

明るくふるまっているように見えても、実は深刻に縁切りを願っているかもしれませんよね。心のなかまでは誰にもわからないものです。土器を割ることでモヤモヤが晴れてスッキリしたのであれば、それでいいと思っています。

それに、念を込めすぎると気持ちよく割れないようで、何気なくスッと落とすほうがパーンと割れるみたいですから、ぜひリラックスして行ってみてください。

——人形の護摩焚きに対して、おどろおどろしい印象を持つ方もいるのではないかと思うのですが。

閉ざされた部屋のなかで人形を燃やす、と言うと藁人形に五寸釘を打ち込むイメージと重なって怖いと感じる方もいるかもしれませんね。ですが、「人形を燃やす」のは悪縁が切れていくことをイメージしやすくしているのであって、決して相手を呪っているのではなく、神様に託す儀式として行っています。神様は、私たちが抱いてしまう「悪い気持ち」を三方良しでおさめてくれるものなのです。だから、安心して縁切りをお願いしてください。

炎が燃え尽きるまで祈ることで、お堂を出るときには区切りがついて前へ歩き出す勇気が湧いてきたという方も少なくないようです。

——そもそも神社等での縁切り祈願は、江戸時代に女性が夫と別れるためには「神社やお寺に駆け込む」しかなかったことに由来すると聞いたことがあるのですが。

それはちょっと誤解があると思っています。というのも、江戸時代は、今よりジェンダー的にはよほどフリー

圧倒的なパワーが降り注ぐ、「エンターテインメントできる」場所としての大杉神社。

「江戸の頃のように、庶民のための場所にしていきたい」と笑顔で語る市川宮司。

だったと言われているからです。3人に2人は未婚だったし、共働きも当たり前で、女性たちはけっこう「自由」に暮らしていたのです。それが明治になって、キリスト教の思想が入り、結婚を前提とした制度がつくられるようになると、女性の自由が制限され、次第に「家」に縛られるようになっていったのです。

ですから、江戸時代までは離婚も多く、「三行半」は、妻から夫へ離婚の意志を突き付けるものであり、神社などへ駆け込むのは、どうしても離縁状を出そうとしない夫を納得させるための手段の一つに過ぎなかったわけです。

神社に守ってもらうというイメージは、むしろ明治になって離婚がしにくくなったことで、神様に夫との「縁切り」をお願いする女性が増えていったことに由来すると思っています。

――そうなんですね。では、今の時代ならではの「縁切り」というと、どのようなものがあると感じていますか。

コロナ禍で途切れた人間関係が、最近になって再び動き出しましたよね。変化する社会と折り合いをつけることができず、苦しんでいる方が増えているように感じます。SNSが影響しているのかもしれませんが、世の中全体が鬱屈した閉塞感に満ちているようにも思います。

他にも、不幸なのはお金がないからだとすれば貧乏神との悪縁もあるでしょうし、お酒やたばこをなかなかやめられない人にとっては、それらとの縁も悪縁といえるかもしれません。もし今、思い悩むことがあるのであれば、気楽に訪れてほしいと思っています。

私は、今よりずっと「自由」があった江戸時代の感覚に戻したいと思いながら神職を全うしています。当時の庶民にとって、神社詣では娯楽の一つでした。毎日のように行われていたお祭りや縁日を楽しんだり、門前にあった茶屋でその地の名物を食べたり。つまり神社という場所は、庶民が「エンターテインメント」できるところだったと思っているんです。

ですから、つらいときに気軽に立ち寄れて、土器割りでも何でも、楽しみながらお参りしてもらうことで、少しでも晴れがましい気持ちになってもらえたら……いいと思いませんか。これこそが、私の目指す神社の在るべき姿です。

ご祭神

倭大物主櫛𤭖玉大神
（ヤマトノオオモノヌシクシミカタマノオオカミ）

データ

【住所】茨城県稲敷市阿波 958

【電話】029-894-2613

【アクセス】成田線「佐原駅」より桜東バス江戸崎行きで約45分、「阿波」で下車

【公式 HP】

茨城・牛久市

牛久成田山《うしくなりたさん》 真浄寺《しんじょうじ》

牛久縁切り稲荷《うしくえんきりいなり》

縁が切れますようにと
祈り続けることで
悪縁の流れを変えていく

一見すると寺院とはわからない真浄寺本堂。

真言密教と朱塗りの鳥居

牛久成田山真浄寺は、真言密教の教えを教義とし、宇宙万象を己が身体として永遠に生き給う大日如来の成り代わりである不動明王をご本尊とする祈願寺です。

車が行き交う国道沿いにあり、外観はまるで普通の一軒家ですが、立派な朱塗りの鳥居とその両脇に鎮座する一対の狐が、訪れる人々を厳かに、優しく迎え入れてくれます。

目を引くのは、色とりどりの季節の草花のなかに据えられた仏像の数々。法薬で病を治し、心身に安楽をもたらす薬師如来をはじめ、学業向上や合格祈願を叶える文殊菩薩、憤怒の表情で悪縁を払い、良縁を成就させる愛染明王、七人の総合力で福徳を授けてくれる七福神など、実に多くの仏像が並んでいます。

真言密教と結びついた稲荷信仰

鳥居をくぐると、多くの狐に取り囲まれた小さな祠《ほこら》の前に出ます。その前に立つと空気が一変、何とも神聖な雰囲気に包まれます。この一角が縁切り稲荷であり、ご祭神として荼枳尼天（だきにてん）をお祀りしています。

荼枳尼天とはヒンドゥ教の神様で、人肉を食らう女夜叉《おんなやしゃ》であったと言われています。そんな荼枳尼天が真言密教と結びついたことで、未来を予知し、望みを叶える善神となり、やがて人肉

たくさんの狐に囲まれた祠のなかに荼枳尼天が鎮座する。

境内にはさまざまな仏像が据えられている。

「悪縁」を食らう神様として信仰の対象となった荼枳尼天。

縁切り祈願をした絵馬や
楊枝を刺したわら人形は
絵馬堂に奉納する。

祈願木（左）と
縁切りわら人形（右）と爪楊枝。

の代わりに「悪縁」を食らう神様として信仰の対象となっていったのです。強力なパワーを持つ荼枳尼天は悪縁をただ絶ち切るのではなく、悪運・悪縁の流れを変えて良縁が発生するようなご利益をもたらします。

なお、ヒンドゥ教の荼枳尼天は狐を眷属《けんぞく》として従えていた（荼枳尼天の化身という説もある）ことから、稲荷権現としてお祀りされます。

礼拝・供養のあとで祈願する

荼枳尼天に悪縁切りを祈願する場合には、かならず礼拝・供養から行うようにしてください。

①礼拝…祠の前に立ち、右の手の平を荼枳尼天、左の手の平を自分として、手を合わせて感謝する。額を荼枳尼天の足もとにつけている姿を想像し、三回礼をする。荼枳尼天と一体となっている自分を想像する。

②供養…次に、荼枳尼天のご真言「ノウマク・サマンダ・ボダナン・キリカ・ソワカ」をくり返し唱える。荼枳尼天に供物を献上している自分を想像する。

③祈願…荼枳尼天のお姿を想像し、悪縁が消滅するよう心を込めてお願いする。さらに、悪縁が消滅したあとに良縁が訪れるよう、心から祈る。言霊の力を借り、言葉に発してお願いする。

わら人形に楊枝を刺すのは仏心を目覚めさせるため

悪縁切りの祈願に必要なものはすべて保管庫のなかに揃っています。祈願に訪れた際は、これらを自由に取り出し、縁切りの願いを書くなどして絵馬堂に奉納してください。

初穂料は、「絵馬200円」となっていますが、住職いわく「あくまでも目安です。賽銭箱にお気持ちをお納めいただければけっこうです」とのこと。

荼枳尼天と一体となった姿を想像し、祈願する大久保阿闍梨。

ここでは、縁切りわら人形の祈願について説明しておきましょう。これには、赤い人形の紙と爪楊枝も使います。

① 赤い人形の紙に縁を切りたい相手や縁切りしたいことを具体的に記す。

② 書けたら、縁が切れるようにと心を込めて唱えながら、その紙を楊枝でわら人形にエイヤッと刺して祈願する。

「楊枝を刺す」という行為は、一見、呪いの儀式のようにも見えますが、縁を切りたい相手の「仏心を目覚めさせる」という意味が込められています。仏心が目覚めると欲望や執着心といった煩悩がなくなり、争うこともなくなります。つまり、改心させることができれば縁を切らなくても問題は解決するという教えに基づいて行われる儀式なのです。

一方で、病気や暴力、貧しさ、悪質な者などとの縁切りを願う場合には、怒りを込めて楊枝を刺すことで、諸悪の根源を消滅させることができるとされています。

この他、個別に護摩焚きなどをお願いしたい場合には予約が必要です。事前にメールや電話で問い合わせてから訪問してください。郵送等での対応もありますので、詳しくはホームページをご覧ください。

ご本尊
不動明王

ご祭神
荼枳尼天

データ
【住所】茨城県牛久市柏田町 3260-15
【電話】029-871-3210
【アクセス】JR常磐線「牛久駅」より徒歩約 20 分
【公式 HP】

「願い続ける一念が『条件』となって現状の運命、縁の流れを変えることになるのです」

阿闍梨《あじゃり》　大久保雅照《おおくぼがしょう》

──「縁」とは、そもそもどういうものだとお考えですか。

縁とは、ある事実やものごとが存在している経緯に、時系列的に連綿と続く「因果」に関係するすべての要素・要因・条件のことであると考えています。

つまり、「因縁果」により生じるこの世の中にあるすべてのものが、ほかの何かとの関係により存在あるいは生じており、縁という要素・要因を介していないものは一切ないと言えます。いわばすべては諸行無常・諸法無我という真理、即ち、実体のない「現われ」、「仮りの存在」なのです。実体のない世界こそがこの世の常であり、普遍的に実体がないことを私たちは「空」と呼んでいます。

執着しているものに実体がなく幻であると気づくことができれば、目の前の苦しい状況からも逃れられるはずです。

──なぜ「悪い縁」が生じてしまうのでしょうか。

くり返しになりますが、縁とは条件であり、きっかけのようなものですから、悪い環境にいれば、悪い縁は生じやすくなります。そして、これには心の内に思うことも影響します。つまり、縁には、外部から与えられる「ご縁」と、心のなかの考えである内心によって生じる「良縁・悪縁」があると言えるでしょう。

生きとし生ける者の周りでは良縁と悪縁が途切れることなく発生していますから、いつ、誰に、悪縁が生じても、また悪縁が続いても、何の不思議もありません。

逆に言えば、生じてしまった悪縁を切りたいと思ったら、その悪縁が切れますようにと荼枳尼天に願い続ける一念が「条件（加持力）」となって、現状の運命、すなわち縁の流れを変えることになるのです。

──祈願をするなら、やはり神様や仏様のいらっしゃるところまで足を運ぶべきでしょうか。

仏尊はどこにでもおわします。現地を訪れることができない方は、今いる場所で、10秒でも20秒でも荼枳尼天を想像し、毎日手を合わせて祈り続けてください。そうすることで功徳が生じ、いざというときに不思議な力で助けてくれるはずです。

鳥居の向こうに、荼枳尼天を
擁した縁切り稲荷がある。

茨城・下妻市

大宝八幡宮《だいほうはちまんぐう》 稲荷神社《いなりじんじゃ》

関東最古の八幡宮
神様と仏様が共存する神域で
真摯に縁切りを祈願する

明治初期に建造された木造瓦葺きの拝殿。ここで祈りを捧げる。

神仏習合の名残を色濃く感じる

東には筑波の山並みを、西北には日光連山を望む大宝の地に佇むように鎮座する大宝八幡宮。大きな鳥居をくぐり、本殿へと続く参道を一歩、また一歩と進んでいくと、辺りはたちまち清々しい空気に包まれます。

ご神木とされる樹齢100年の大銀杏をはじめ、幹周りが2メートル以上はあろうかという大王松や、向かい合って立つ檜の古木などが天高く伸び、それらの木々から降り注がれるパワーを全身で感じることができます。

大宝八幡宮は、神仏習合の象徴的な存在でした。史料によると、鎌倉時代後期には、参道の東側一帯に8つの寺院（大宝八ヶ寺）が整然と配置され、さらに、その八ヶ寺と参道との間には弥陀堂、護摩堂、鐘楼なども建てられていたと記されています。

これら多くの寺院関連の建造物は、明治維新後の神仏分離令（1868年）により分離廃絶されていますが、その名残は今も色濃く残っています。

印象的なのは、神門の両サイドで睨

護衛の随神に代わって睨みをきかせる仁王像。

みをきかせている一対の仁王像。狛犬同様、神聖な領域の入り口で邪気や穢れを払う役目を果たしているかのようです。また、今、境内にある鐘楼は平成の世に復建されたものですが、当時の姿を残す釣り鐘は県指定文化財。訪れた際には記念に撞《つ》いてみるのもおすすめです。

三柱「武の神」を祀る八幡信仰

大宝八幡宮は、白鳳奈良時代の末期、大宝元年（７０１年）、藤原時忠公が、東国平定の鎮護の神として、筑紫（大分県）の宇佐八幡宮を勧請《かんじょう》（神仏の分霊を請じ迎えること）して創建したのが始まりとされています。

現在の本殿は、大正5年（１５７７年）、下妻城主多賀谷尊経（たがやたかつね）公が再建したもので、国の重要文化財に指定されています。屋根の形が特徴的な流造《ながれづくり》で、どっしりとした重厚感のある佇まいになっています。

ご祭神は、応神（おうじん）天皇（誉田別命・ホンダワケノミコト）・仲哀（ちゅうあい）天皇（足仲彦命・タラシナカツヒコノミコト）・神功（じんぐう）皇后（気長足姫命・オキナガタラシヒメノミコト）の三柱で、古来より「武の神」として崇められてきました。平安末期に活躍した平将門、源義家をはじめ、のちの乱世を戦い抜いた名の知れた武将たちが先勝祈願にこぞって訪れたと伝わっています。関東最古の八幡宮にふさわしい、歴史を感じさせるエピソードです。

江戸末期に建立された護摩堂（現、祖霊殿）で、旧大宝寺唯一の遺構。

昭和天皇御座位 60 年を記念して建てられた神門。

宝くじが当たると有名に

時は流れ、今は財運招福、厄除け、事業繁栄、家内安全など幅広い祈願成就の参拝を受けていますが、なかでも、「大宝」という名が縁起がよくめでたいとされ、宝くじの当選祈願にご利益があるとして評判を集めています。

ちなみに、「大宝」は、年号の場合は「タイホウ」と読みますが、地名の大宝駅、大宝八幡宮の場合は「ダイホウ」と訛って呼ばれます。

末社の祠が並ぶ一画にある稲荷神社。

真剣に願い、通じれば軽くなる

手水舎の手前に白くて丸い石が置かれています。これは、「重軽石《おもかるいし》」と呼ばれ、神様に祈願する前と後で、重さが違って感じられる石なのだとか。

真剣に祈り、感謝し、神様にお願いができると、手に取った石は参拝前より軽く感じるというのですが――。実際、どのように感じられるか、訪れた際にはぜひ試してみてください。

宮司自身、この重軽石を手に取ってみることがあるそうで、「どんなに集中して祈っていても、あれこれ雑念が入り込んでしまうものです。無心になって祈願するというのは案外難しいことで、私がやっても軽く感じることもあれば、まったく変わらないこともありますから」と話してくれました。

縁切りの願いを絵馬に書いて奉納する

また、境内には、本社と縁の深いご祭神を祀った摂社、摂社よりもさらに小さな末社が点在し、すべてを合わせるとご祭神は22柱を数えます。

本殿の東側奥に5つの末社が並んでいて、縁切りのご神徳がある稲荷神社はこの一画にあります。小さな祠《ほこら》の前に眷属である狐がいるのが目印です。

社務所で絵馬（初穂料600円）を購入し、縁切りの願いを記したうえで、稲荷神社にお参りし、稲荷神社のそばにある絵馬掛けに奉納してください。

なお、個人の祈祷に予約は必要ありませんが、問合せフォームからの相談も受け付けています。

祈願する前と後で
重さが変わるという重軽石。

「縁を切りたい相手を呪うより『自分を守ってください』と祈ってください」

宮司　山内雄佑《やまうちゆうすけ》

——縁を切りたいという方々から直接お話を聞くことはありますか。

もちろんありますが、たいていの方はご自身で絵馬を買って、そっとお祈りされています。縁を切りたい対象が人とは限りませんから、「悪い癖を断ち切りたい」と書いていた方もいらっしゃいました。そもそも縁と言っても幅広い意味がありますので、当宮の縁切り稲荷で想定している範囲に絞ってお話しします。

まずは「男女の縁」ですが、これはこのご時世、性別に言及するべきではないのかもしれませんが、良きパートナーと巡り逢いますようにと願うのが縁結びだとすれば、縁切りはその逆。DV・ストーカー・虐待など個々の事情から縁が解けることを切実に願う方の祈りと言えます。

また、ご近所トラブルなど、住む土地にもとづく縁故関係のことを指す「地縁」と呼ばれる縁もあります。

特にやっかいなのは「血縁」かもしれません。近いからこそ、いったんこじれてしまった関係は修復が難しく、根も深いものなので深刻です。最近では、毒親、親ガチャなどといった言葉も生まれており、親子の縁を切りたいと思う方も珍しくないように感じています。

——近年コロナ禍が長く続いていましたが、影響はありましたか。

絵馬に託された縁切りの思い。

縁切り祈願に奉納する八幡さまの絵馬を持つ山内宮司。

世相を反映しているという意味では「組織の縁」でしょうか。会社や学校など、何らかの組織に属している人がほとんどなうえに、日本では長らく個より組織を重んじる傾向があったと思います。そのせいか、組織にいながら声をあげることは難しく、心の内にため込んでしまう傾向が強いように思います。それが、コロナ禍ではより強まっていたように感じました。

現代において、人間関係の悩みの大半はここにあると言っても過言ではないのではないでしょうか。結果として、今いる組織から離れたいという思いが、縁切り祈願へと繋がっている方も少なくないのかもしれません。

こうした世相を踏まえると、たとえば新しい環境へと飛び込んでいくときに、悪い縁がつかないようにと願うのも一つの考え方だと思います。また、縁が切れますようにと願うときは、相手を呪うのではなく、「どうか自分を守ってください」という思いを込めてお祈りしてください。

神様は、ネガティブな感情をぶつけてもきっと浄化してくれますが、くれぐれもご自身の心がつらくならないようにしてください。

ご祭神

応神天皇、仲哀天皇、神功皇后ほか

データ

【住所】茨城県下妻市大宝 667

【電話】0296-44-3756

【アクセス】関東鉄道常総線「大宝駅」より徒歩約3分

【公式 HP】

福島・檜枝岐村《ひのえまたむら》

橋場《はしば》のばんば

悩み事を笑って聞いてくれる老婆の石仏が新しいハサミで悪縁を切り、錆びたハサミで良縁を結ぶ

巨大な二つのハサミが目を引く、橋場のばんば様の祠。

村人によって洪水から守られた水神様

東北最高峰の燧《ひうち》ケ《が》岳《たけ》や会津駒ケ岳など標高2000メートル級の山々に囲まれた檜枝岐村《ひのえまたむら》は、面積の98%が林野に占められています。人口密度の低さでは日本一とされながらも、本州最大の湿原地帯である尾瀬の約45%が檜枝岐村に属しており、美しい高山植物と景観をはじめ、秘境の名湯を求めて多くの登山者や観光客が訪れています。

檜枝岐村では江戸時代から270年以上にわたって、鎮守神へ奉納する檜枝岐歌舞伎が受け継がれています。明治26年(1893年)の大火で全村焼失という大災害に見舞われた折、村人らによって鎮守神の境内に再建された舞台は、昭和51年(1976年)に国の指定重要有形文化財に指定され、現在も年に3回行われる公演で使用されています。檜枝岐歌舞伎は地域の人々にとって伝統的な神事であり、娯楽であり、演じる側・観る側それぞれに、心の拠り所として大切にされています。

檜枝岐歌舞伎が行われる境内へと続く参道のなかほどに、訪れる人々を笑顔で迎え、見送る老婆の石仏が鎮座し

大量のハサミとお椀の間から顔を出すばんば様。

鎮守神境内へ向かう参道、通称「檜枝岐歌舞伎通り」の入り口。

役者も裏方も村の住民で構成される檜枝岐歌舞伎は、福島県の重要無形民俗文化財に指定されている。

ています。その姿はよく見ると片ひざを立てて座り、笑った口元は前歯が1本欠けていて、はだけた胸元からは乳房が垂れています。この愛嬌のある石仏は、もともとは檜枝岐川に架かる前川橋のたもとに祀られ、「橋場のばんば」と呼ばれて川遊びをする子どもたちを見守っていました。明治35年（1902年）に大洪水が村を襲った際、川に流される寸前の石仏を、力自慢の村人が一人で背負って現在の場所まで運び、守ったと伝えられています。

檜枝岐村の人々が待ちに待った公演の日。境内の傾斜が観客席となる。

ばんば様の笑みに心が軽くなり、救われる

橋場のばんば様は、子どもの水難除けの神様として親たちの信仰が深いだけでなく、あらゆる悩み事を聞いてくれる存在として村人から頼りにされてきました。なかでも、縁結びと縁切りのご利益があることで知られ、昔から恋に悩んだ男女が、こっそりと訪れて手を合わせては、幸せになったと語り継がれています。

現在は、ばんば様の前には巨大なハサミが二つ供えられています。一方はいかにも切れ味が鋭そうなピカピカのハサミで、もう一方は茶色く錆びたうえに、切ることができないように鎖が巻かれています。縁を切るには新品のハサミを、良縁を結ぶには古いハサミを供えて祈願することから、ばんば様はいつも新旧たくさんのハサミに囲まれています。

また、頭にお椀のふたをかぶせる

と、どんな願いもかなえてくれるといわれており、お椀やお椀のふたを頭にかぶって微笑むばんば様につられて笑いがこみ上げてきます。すぐ隣には、「叶っ多像（かなったぞう）」という名の石仏が加わり、まるで競うかのように、お椀もハサミも増えていくのだそうです。深刻に悩んでいたはずが、いつの間にか興味津々で楽しんでいることに気づきます。

願い事が書かれたお椀がどんどん積み上げられていく、ばんば様（左）と叶っ多像（右）。

災いや困難に屈しない先人たちのパワーが宿る地

一度お目にかかったら忘れられない橋場のばんば様の独特なお姿と、秘境とも称されるほど緑豊かな自然に抱かれて、心がほぐれてゆくのを実感できることでしょう。そして、村の歴史に見られるように、大火や洪水などの困難が繰り返しふりかかろうとも、住民が力を合わせて復興し、檜枝岐歌舞伎を継承しながら地域を盛り上げる頼もしさと、ハサミを持参してばんば様のもとを訪れる人々を、そっと迎え入れる懐の深さ。檜枝岐村は地域がまるごとパワースポットのような特別な場所なのかもしれません。

縁切り絵馬（600円）は、尾瀬・檜枝岐山旅案内所や村内売店で販売されている。

錆びた大きなハサミの脇には、ハート形の縁結び絵馬（500円）が奉納されている。

ご祭神

橋場のばんば様

データ

【住所】福島県南会津郡檜枝岐村居平672

【アクセス】国道352号から鎮守神境内へ向かう参道内

尾瀬・檜枝岐山旅案内所

【電話】0241-75-2432

栃木・足利市

門田稲荷神社《かどたいなりじんじゃ》

下野國一社《しもつけのくにいっしゃ》八幡宮《はちまんぐう》

八幡宮の境内で
悪縁を絶ち良縁を結ぶ
日本一の縁切り稲荷

勝利の神様を祀る下野國一社八幡宮。

農家の稲荷社が八幡宮の境内に

足利市の下野國一社八幡宮の境内にある門田稲荷神社は、東京の榎木稲荷、京都の伏見稲荷と並んで、ひとの縁にご神徳の高い三大稲荷として知られています。

なぜ八幡宮の境内にあるのか――その歴史を紐解くと、もともとは、現在の山辺中学校（足利市西新井町）の南西側にあった農家が所有する小さな稲荷社だったとの記録に行きあたります。

平安後期、その農家の息子が、源義家公率いる陣営に参陣することになり、身体が弱かったわが子を心配した両親が、家の稲荷社に無事を祈願し、必死にお祈りしたところ、その息子は勝ち戦に貢献、義家公の目に留まるほどの活躍をしたのだとか。

のちに、義家公は戦勝を祈願するために、山城の国の男山八幡宮を勧請します。それが、現在の下野國一社八幡宮であり、このときに農家の稲荷社を境内に移したと伝えられています。

苦しみを取り除いてきた地域の神社

地域に根づき、地元の人々に慕われてきた門田稲荷神社には、本社である八幡宮を経由することなく参拝に訪れることもできます。その鳥居は国道に面して建ち、拝殿までの参道には朱塗りの鳥居と赤い幟《のぼり》がずらりと並んでいます。なかなか迫力のある光景です。

門田稲荷は地域の人々のための神社であり、病気や人間関係などのさまざまな悩みを抱えた人々に寄り添い、幸せへと導いてきました。それがいつからか、悪いものとの縁を断ち切ってくれる神社と言われるようになり、インパクトの強い縁切り絵馬や穴の開いた柄杓《ひしゃく》の奉納と相まって、現在のように全国から篤《あつ》い信仰を集めるようになってきたものと推察されます。

絵馬と柄杓に込めた縁切りの願い

門田稲荷に縁切り祈願で訪れる人が多いことは、拝殿の両脇にたくさんの絵馬や柄杓が鈴なり状態で奉納されている様を見れば一目瞭然です。一見すると異様な光景に、強いパワーを感じるという方も少なくないようです。

奉納されている縁切り絵馬（初穂料1000円）を見ると、もう1枚の絵馬が重ね合わされて願い事が見えないようになっているものがあります。

これは、宮司のアイデアでつくられたという重ね絵馬（初穂料500円）です。合わせる面に記された「縁切」という文字には、祈願が成就する効果が高まるようにとの願いも込められています。

また、底に無数の穴が開けられた柄杓（初穂料1700円）には、この穴から悪縁が流れていくようにとの願いが込められているのだとか。

柄杓は社務所で購入し、金槌で自ら穴を開けて奉納します。4、5年ほど前に始めたときから、SNSなどで話題となり、たちまち注目を集めたユニークな縁切り儀式の一つです。ここでしか味わえない縁切り祈願を体験してみてはいかがでしょうか。

縁切りの祈祷も受け付けていますが、祈祷の前に、まずは宮司が時間をかけて話を聞いてくれます。直接、社務所に行くか、ホームページの相談・問い合わせフォームからお申込みください。なお、電話での受け付けは行っていませんのでご注意ください。

稲荷神社の参道に連綿と連なる
朱色の鳥居と赤い幟。

縁切
門田稲荷神社

穴の開いた柄杓と絵馬に
縁切りの願いを込めて。

「心のなかの守り神を強くすれば自分で自分を救えるようになります」

宮司 尾花《おばな》 章《あきら》

──そもそも縁とは何なのでしょう。

縁とは、命（魂）の浮き沈みによる、異常な状態を表すものと考えるようになりました。

たとえば、人間関係における悪縁でつらい思いをされている方が、切羽詰まって「今すぐ縁切りをしたい」と仰っていたとします。でも、たいていの問題が、その人との縁を切ることさえできれば解決するというほど単純なものではありません。

どんな事情があるにせよ、縁というものは切って終わりとはならないのです。悪縁を切って良縁を呼び込む、これをセットでお祈りすることが何より大事なことなのです。

私は、一人ひとりの心のなかに守り神がいると確信しています。神社にいる神様は、そんな個々の守り神を統括して束ねているイメージです。

心が弱くなると隙ができて悪いものが入り込みやすくなります。それが、菌やウイルスならば病気になり、人間関係で言えば悪人が寄ってきます。つまり、悪縁にとりつかれていると感じるときは、自分のなかの守り神が弱っているとも言えるわけです。

ですから、大切なのは、まず、あなた自身が、あなたのなかにいる神様を大事にすること。そのために何ができるかを一緒に考えましょう──というのが、祈祷を行う際にお話しさせていただいていることです。

縁切り祈願は相手を呪うこととは違います。何より大事なのは命です。どんな人にも生きる価値があります。くれぐれもむやみに相手の不幸を願うことのないようにしていただきたい。自身の魂を強くきれいに保つことが、まわりまわって、自らの将来に運が巡ってくることに繋がります。

縁切りの思いを神様にどう伝えるか、そこはとても重要で、それこそが私に託されている使命だと思っています。

──神様に伝えること、それがご祈祷ということだと思うのですが、宮司はご祈祷の様子を公開していますよね。

縁切祈願の内容を見られたくない人におすすめの「重ね絵馬」。

もとは農家の稲荷社だったという
門田稲荷神社。

「病の縁は早く切ったほうがいいが、人の縁は切れば終わりというものではない」と語る尾花宮司。

祈祷は、本来個別に行うものなので、何をやっているのかが見えづらく、お願いしにくかったと仰る方がいて、なるほど一般の方にとって祈祷を見る機会はないことなのかもしれないと思い、ホームページから、一部ですが見られるようにしてあります。

——縁切りを祈願してほしいという方と話をしたうえで、祈祷の必要はないと判断されることもあるのですか。

もちろん、あります。祈祷するまでもなく、だれかに話を聞いてもらえたということに満足して清々しい顔で帰っていかれる方も少なくありません。

また、月に一度のペースで「おはなし会」を実施しているのですが、ここでは、昨日までの自分と違う自分になることを目指して、日々、できることを実践してもらっています。あえて苦手なことに挑戦してもらうという意味で、早起きを続けるとか、嫌いな納豆を食べてみるとか、そんなちょっとしたことから始めてもらっています。

新しい刺激が加わることで人間力、すなわち自身のなかの守り神は少しずつ強くなっていきます。結果、自分のことを自分で救えるようになり、医者も神社もいらなくなっていくかもしれません。神職として矛盾しているようですが、いつかそういう社会になればいいと心から願っています。

——参道の入り口に「日本一の縁切 門田稲荷神社 ここです!」という看板がありました。

門田稲荷神社の縁切りについては、これまでは、あえて宣伝などしなくても、導かれるようにして来てくれればいい、それが本来の神社の在り様だと思っていました。ですが、口伝えで評判を知った方々から、縁切りの問い合わせを多くいただくようになり、これはきちんとした情報を提供するべきなのではないかと考えを改めまして、2023年、門田稲荷神社を前面に出したホームページに作り替えました。

もし今、悪縁に悩んでいるという方は、ぜひ話をしにいらしてください。

ご祭神

宇迦之御魂命（ウカノミタマノカミ）

データ

【住所】栃木県足利市八幡町 387

【電話】0284-71-0292（社務所）

【アクセス】東武伊勢崎線「野州山辺駅」より徒歩約7分／東武伊勢崎線「足利市駅」より車で約5分／ JR 両毛線「足利駅」より車で約8分

【公式 HP】

神奈川・鎌倉市

臨済宗 円覚寺《えんがくじ》派 松岡山《しょうこうざん》

東慶寺《とうけいじ》

尼僧が作りあげた七百年間の歴史 幕府が認めた女人救済の寺

幕府公認、女人救済の尼寺

数多くの古刹《こさつ》が並ぶ関東の古都、北鎌倉。木造の風合いを残したＪＲ北鎌倉駅の駅舎を出ると、深い山に囲まれた清々しい空気に包まれ、都会の喧騒を忘れることができます。

駅から4分ほど歩けば、東慶寺の山門へと続く階段が見えます。

かつては幕府公認の縁切り寺（駆込み寺）だった東慶寺。女性に自由がなかった数百年前、決死の覚悟で夫から逃げ出し、ようやくこの山門を見上げたとき、彼女たちはどんな気持ちだったのだろうかと、思いを馳せてしまいます。

東慶寺の開創は鎌倉時代の弘安8年（1285年）。鎌倉幕府第8代執権・北条時宗の夫人である覚山志道尼（かくさんしどうに）が開山し、東慶寺に駆け込めば離縁ができる「縁切寺法」を定めました。

山門。6月には石段の両脇に鎌倉名物の紫陽花が咲き誇る。

その後は尼寺として七百年もの間、女人救済の寺法（縁切寺法）が引き継がれましたが、明治維新によりこの法は廃止されます。

そもそも、幕府制定の縁切寺法とは？

鎌倉時代の日本の制度では、女性側から離縁の申し立てをすることができませんでした。たとえ夫が働かずに酒ばかり飲み、暴力を振るったとしても、妻は夫から離縁状をもらわない限りは、別れられなかったのです。

そこで東慶寺初代住職の覚山尼は、次のように寺法を定めました。

「自分は出家の身ながら、女のことであるから、利益の種、世のため人のためになることもあまりできないが、女というものは不法の夫に身をまかせ、つかえるのがあたりまえとされているので、時によると女のせまい心から、ふとよこしまの思い立ちで自殺などするものがあって、ふびんであるから、そのような者は三年間当寺へ召抱え、何卒縁切りして身軽になれる寺法を始め、貞時から勅許を仰いで、この縁切寺法が公許され、五世用堂尼は縁切女三ヶ年辛苦な寺勤めはふびんと出入三年二十四ヶ月とされた」

『旧記《きゅうき》之《の》抜書《ぬきがき》』より

昔の縁切りの困難さ

当時の縁切り寺法による離婚のシステムを簡単にご紹介しましょう。

まずは女性が東慶寺に駆け込むことが第一。しかし電車も車もない時代には、とても困難なことでした。夫や近所の目を盗んで家を抜け出し、追ってくる夫に捕まらずにお寺に入らなければなりません。

当時、東慶寺に駆け込んで来る女性たちはほとんどが江戸（現在の東京都）在住でした。江戸から鎌倉の東慶寺へ来るまでの最難関は、多摩川です。船の手配に手間取り、夫に捕まってしまう女性も多くいたそうです。

なんとか川を渡り、東海道をひたすらに歩き、やっと東慶寺の山門が見えても、その場で夫に捕まってしまえば同じこと。そこで東慶寺には、女性のためのある決まりがありました。

東慶寺の門には、常に寺役人である門番が立っています。女性が自分の持ち物をなにか一つでも門のなかへ投げ入れることができれば、門番によって東慶寺への入山が認められたのです。かんざしや草履《ぞうり》を門のなかへ投げ入れた女性は、その場で夫に捕まろうとも、門番が夫を引きはがし、追い返してくれたのでした。

しかし、ここで離縁成立ではありません。ここからの道のりが長いのです。当時、鎌倉街道沿いには東慶寺専用の宿屋が三軒（柏屋、仙台屋、松本屋）建っていました。旅人を泊めるための宿ではなく、寺へ駆け込んだ女性を逗留《とうりゅう》させるためです。ここで宿屋の主人が、女性の事情聴取をします。名前、住所から親の情報まで、なにもかもを聞き出し、存命であれば両親も呼び寄せます。これは、女性が嘘をついていないかを調べるためです。

実は女性が浮気をしていて、新しい男性と一緒になるために夫と別れたいといった邪《よこしま》な理由では、離縁は認められませんでした。

また、当時は親が定めた結婚がほとんどだったため、「離縁なんてバカなことを言うな！」と両親に連れ戻されてしまう女性たちもいたそうです。

女性側の取り調べが終わると、今度は夫側です。お寺はあくまでも中立の立場であり、女性だけの話を聞いて動くことはありません。

夫の事情聴取も無事に済み、ここで夫が離縁を認めて離縁状（三行半）を書けば離縁が成立します。この離縁状が大体、三行半で構成されていたことから、「みくだりはん」と呼ばれるようになりました。

離縁状の原本を妻が所有し、東慶寺は複写を保管します。当時の既婚女性はお歯黒といって歯を黒く染めていたため、離縁状を持っていなければ自分が独身だと証明できなかったのです。

と、このようにして夫がすんなり三行半を書いてくれれば、いわゆる協議離縁として穏便に離縁が成立します。しかし、夫が離縁を断固拒否することもありました。そのような場合には東慶寺のやり方、つまり「縁切寺法」を発動するしかありません。

まずは妻に縁切寺法で離縁を進めることの許可を得て、寺の役人が夫の元へ寺法書を持って向かいます。大切なのは、中身よりもその入れ物。寺法書は、丁寧に桐の箱にしまわれています。箱には菊の御紋と豊臣家の五七《ごしち》の桐《きり》の御紋が金箔であしらわれ、御紋の下には「御所寺」の文字。

すなわちそれは、東慶寺がどれほどの権力を持っているのかを証明するものでした。水戸黄門が紋所を見せたときのように、抵抗していた夫も幕府の紋章を見た途端に恐れおののき、屈服するしかありません。

これが当時、幕府から権力を授かった東慶寺のやり方でした。

こうして役人が離縁状を持ち帰ると、いよいよ離縁の成立です。

宿屋に匿われていた女性は、離縁を手助けしてもらった代償としてお寺での奉公を命じられます。期間は24ヵ月と1日以上で、その期間を「足かけ三年」と呼びました。お寺に残り続けることも可能で、なかにはそのまま出家をして東慶寺の尼僧となる女性もいたそうです。

このように東慶寺は、ご祈祷やお祓いを用いた縁切りをするのではなく、政府と密接に関係した、行政的な役割を担っていました。

明治時代になると、政治と宗教が分離され、廃仏毀釈《はいぶつきしゃく》の運動が起こります。東慶寺の縁切寺法は強制終了となり、明治35年（1902年）には尼寺としての歴史にも幕を閉じました。

豊臣秀頼の妻、千姫の存在

幕府公認の縁切り寺といえば、群馬県の満徳寺の存在も忘れてはなりません。すでにお寺としての機能を閉じ、現在は資料館のみが残っています。

当時、東慶寺と満徳寺は、徳川二代将軍秀忠の長女であり、豊臣秀頼の妻であった千姫（せんひめ）によって縁が繋がれていました。

千姫と秀頼は子宝に恵まれませんでしたが、秀頼と側室との間には男女一人ずつ、二人の子どもが生まれ、千姫は実の子のように可愛がりました。

大坂夏の陣で豊臣家は徳川家に滅ぼされてしまいますが、徳川家康の命により、孫である千姫は命を救われます。

そこで千姫は、幼い二人の子どもの命も救ってはくれないかと、父の秀忠に懇願します。戸惑った秀忠は、祖父の家康にお願いしてみよと伝えます。

しかし家康の答えは「娘の命は救ってやるが、息子の命を救うことはできない」というものでした。千姫の願い虚しく、当時7歳ほどだった息子は、豊臣家滅亡の証明として公衆の面前で処刑されてしまうのでした。

残された娘も、千姫と一緒に徳川家に入るわけにはいきません。家康の命により、娘は東慶寺へと入寺させられました。その娘が、東慶寺20代目住職の天秀尼（てんしゅうに）です。

千姫はというと、豊臣家との縁を切るため、満徳寺へ入寺（諸説あり）。以降、家康に公認され、満徳寺でも縁切寺法の特権を持つようになりました。

水月観音坐像

神奈川県の指定文化財にもなっている水月観音坐像。東慶寺の水月堂に安置されています。

半跏《はんか》という、片膝を上げた姿で岩にもたれかかり、水面に映る月を眺める観音像。そのたおやかな、リラックスしている様子は、見る者の心をも解きほぐします。こうした姿の観音像は、中国で宋から元の時代に流行しましたが、日本では鎌倉周辺でしか見られません。御開帳は観音様のご縁日である毎月18日。ぜひ、水月観音坐像のお姿に心癒されてください。

鎌倉時代 13 世紀の作とみられている。
木造、金泥塗・彩色、玉眼。

「執着を捨てない限り、悪縁から解き放たれることはないのです」

住職 井上大光《いのうえだいこう》

――現在、東慶寺は縁切り寺ではないのですか？

東慶寺が行っていた縁切寺法は明治時代に終了しておりますから、現在は縁切り寺ではなく、一般的な臨済宗のお寺です。ただ、歴史的な背景がありますので、今でも縁切りのご相談をいただくことはございます。

――現代でも、縁切りの悩みは尽きません。そもそも縁とはどのようなものだとお考えでしょうか？

まず私どもは、お釈迦様の教えを第一に考えています。

お釈迦様の教えに、生老病死（しょうろうびょうし）という言葉があります。「生まれ、生きていくこと自体が苦しみであり、老いること、病気をすること、死ぬこと、これは地球上に生きるうえで、避けようのない苦しみだ」と説いたのです。

その生きる苦しみのなかに、怨憎会苦（おんぞうえく）というものがあります。これは、憎らしい人に会うことを避けられない苦しみです。

お釈迦様が生きていたのは2500年以上も前です。そんなにも前から、嫌いな人に会うことは避けられない苦しみなのだとお釈迦様は説いているのです。ましてや、清く正しく生きていこうとすればするほど、その道に外れた嫌な人のことが目につきます。だけどそれはもう、仕方のないことなのだよ、というのがお釈迦様の教えです。「あぁこの人が嫌だ、どうしても縁を切りたい、嫌だ嫌だ」という思いにとらわれることは、お釈迦様の言葉でいう「執着」です。

――縁を切りたいと思う心が、憎い相手への執着心になる？

今、嫌だと思っている人と縁を切っ

まるで森のような墓苑内にひっそりと佇むお地蔵様。

ても、また嫌な人が現れるかもしれません。今度はこの人と縁を切りたい、今度はこの人と縁を……と永遠に続くことが、悪い意味でのこだわりとなって、執着心になってしまう。だからもう、その苦しみは受け入れるしかないのです。

　それならば、縁を切ることに執着するのではなく、自分はどう生きていくかを考えることが大切なのです。

　仏教用語で「アンジン」という言葉があります。皆さんもよく使われる「安心」です。つまり、心の安らぎをどう求めるかということなんですよね。

　お釈迦様は、心の安らぎを外に求めてはいけないと説きました。たとえば、良い香りのお香を焚いて癒される、というのは手段としてはよいのですが、それもいつか執着になり得ます。気に入っていたお香がなくなってしまったときに心が乱れるようであれば、それは安心ではないでしょう。

お釈迦様の教えを丁寧に教えてくださる井上住職。

　もう一つお釈迦様の教えで、求不得苦（ぐふとっく）というものがあります。これは、求めたいものが手に入らない苦しみです。つまり、苦しみから逃れるには、執着を捨てるしかないのです。

――執着を捨てても、誰かの執着のターゲットになってしまうこともありますよね？　例えばストーカーやいじめなど。そういった場合にも、受け入れるしかないのでしょうか？

　これは仏教の深くて難しいところなのですが、お釈迦様は常に「中道（ちゅうどう）」といって、なににも偏らない生き方を追求してらっしゃいました。

　そして亡くなるときには、「あなたたち自分自身が拠り所となるように修行に励みなさい」と仰った。つまり、お釈迦様の教えに執着することも、またよくはないと。

春には美しい枝垂（しだれ）桜が咲く。

先ほどお話しした怨憎会苦、これを常に心のなかに持ち、「嫌な人に会うのは仕方がないのだ」と自分に言い聞かせ続けるのも、一種の執着なのです。

お釈迦様の教えに執着し、頼りきりになるのではなく、自分自身で考えることも必要です。つまり、ときには逃げることも必要なのです。

――現在の東慶寺に、悪縁に悩む人がお参りに来てもいいのでしょうか？

もちろん、お越しいただいてかまいません。東慶寺では2020年から、「大地の再生」という活動をしています。

鎌倉は紫陽花で有名ですが、東慶寺の境内には一年中、野菊などの花がたくさん咲き、四季によって目まぐるしく変わっています。冬は梅の木の葉も落ちて枝だけの姿になりますが、春にはまたすごい勢いで命が芽吹きます。若葉の緑が強くなると、今度は北鎌倉特有の強い湿気の季節がやってきます。

その湿気のお陰で、紫陽花は美しく色をつけます。ゆっくりと東慶寺の境内を歩き、季節の移ろいを感じていただくだけでも、心の安らぎとなるはずです。

――2020年というと、コロナ禍の真っ最中ですが、なぜ大地の再生を始めたのでしょう？

当山は、コロナ禍によって大きく変化しました。もともとの東慶寺は雑草一本生えていないような、きれいに整備されたお寺だったのです。お寺の職員みんなで草を取って、人手が足りないときにはお手伝いの方にも来ていただいていたほどです。

あるとき、台風で大きな木々が倒れてしまい、職員みんなが怖がるような事態になりました。それから台風のたびに倒木や崖崩れが起こり、枯れた木も目立つようになりました。

そんなとき、境内にお花を植えようとしてもスコップが刺さらないことに気がつきました。土が固まっていたのです。なんだか、この境内全体が呼吸不全を起こしているように思えました。

――お寺全体が息苦しく感じたのですか？

はい。臨済宗ではなによりも、心を大切にしています。

東慶寺というお寺そのものが安らいで、安心できる環境でなければいけないのです。だけど、今の東慶寺はどうだろうか？　新しい建物を増やすために山を削り、歩きやすくするために地面をコンクリートで覆う。それは、安らげる場所なんだろうか？　そう思い悩んでいるときに、矢野智徳（やのとものり）さんに出会いました。矢野さんは以前から大地の再生の活動をしておられる方です。

矢野さんのご協力のもと、地面のコンクリートを割り、草花がのびのびとできる環境をつくりました。そのうちに境内の木々が元気を取り戻し始めました。

——その変化には参拝の方々も気づかれたのでしょうか？

昔から東慶寺にいらしている方のなかには「最近の東慶寺は汚くなった」と仰る方もいらっしゃいます。反対に、「以前の東慶寺は息苦しかったけれど、今はとても居心地がいい」と仰る方もいます。

土も草も、我々人間も、みんな呼吸をして生きています。四季折々の花や草の香りを感じながら呼吸をして、心安らいだ時間を過ごし、お参りをしていただくことで、きっとなにかが変わるのではないかと思います。

秋の七草の一つでもあるフジバカマ。
花言葉は「あの日を思い出す」「ためらい」。

ご本尊

釈迦如来

データ

【住所】神奈川県鎌倉市山ノ内 1367

【電話】0467-22-1663

【アクセス】ＪＲ横須賀線「北鎌倉駅」より徒歩4分

※境内全域撮影禁止

【公式 HP】

丸い果実が紅色に熟すと、くす玉のようにパカリと割れ、種が顔を出すツリバナマユミ。花言葉は「片想い」。

群馬・太田市

満徳寺《まんとくじ》

（縁切寺　満徳寺資料館）

女性のほうから離縁できなかった時代に正式に認められた「縁切り寺」寺なきあとも縁切りのシステムは健在

広い敷地を誇る現在の満徳寺。
季節の花々が咲き乱れる。

日本で2箇所だけ認められた正式な「縁切り寺」

北関東で随一、縁切り寺といえばここ、と名高い満徳寺。というのも、江戸時代、幕府公認で縁切り寺として認められていたのは、鎌倉の東慶寺と、この群馬県太田市の満徳寺だけだったからです。

当時は、正式に結婚の届を出すという制度がなかったにもかかわらず、離縁状なしで別れると夫婦ともに罰せられ、とくに妻に対しては、離縁状なしで再婚すると姦通罪《かんつうざい》に問われてしまう、そんな時代でした。

離縁状は、離縁する理由などを3行半に書き記したため、通称「三行半《みくだりはん》」と呼ばれていました。どんなに夫の言動に問題があっても、女性のほうから離縁を切り出すことはできませんでした。また三行半は必ず夫が書かなくてはならなかったので、離縁したくない理由がある夫が三行半を書き渋ることが多く、妻としてはなかなか離縁できなかったのです。

妻が夫から逃げる方法としては、駆け込み寺に逃げ込むという方法しか残されていませんでした。そのために設置されたのが、縁切り寺として知られる満徳寺や東慶寺のような場所だったのです。

ここに逃げ込めば勝ち！

映画などでもよく知られていますが、縁切り寺は、「駆け込み寺」とも呼ばれていました。夫から逃れて縁切り寺に向かおうとすると、夫が追いかけてくることがありました。縁切り寺の門のなかへ、妻が草履《ぞうり》やかんざしなどの持ち物を投げ込めば、事実上寺に逃げ込めたということになりました。一度寺に入ってしまえば、夫は勝手に寺に入ったり、連れ戻したりすることはできなかったのです。

この門にたどり着き、身につけているものを投げ込めれば、
駆け込みが成功。

寺は妻の身柄を守りながら、夫婦双方の話を聞き、調停を行いました。それでも解決しなかった場合は、妻は寺で尼として生活し、満徳寺では2年経てば離縁が成立し、夫が三行半を書かなくてはならないという仕組みになっていました。

縁切り寺になった由来

満徳寺は、もともとは鎌倉時代に、徳川家の始祖と言われる新田義季（にったよしすえ）が創建したもの。あの徳川家康も、上野国《かみつけのくに》新田の一族が徳川家の祖先だと認めていたといいます。

開山と呼ばれる最初の住職は、出家した義季の娘・浄念尼（じょうねんに）が努めました。

その後満徳寺は衰退しますが、江戸時代になって、徳川家康の孫・千姫（せんひめ）にゆかりがあったために、縁切り寺として再興されました。

というのも、千姫は豊臣秀頼と結婚しましたが、1615年の大坂夏の陣における落城とともに大阪城から脱出、秀頼と縁を切るために満徳寺に暮らしたとされています。のちに、本多忠刻（ほんだただとき）と再婚しており、満徳寺は縁切り、縁結びの両方にご利益がある寺として知られるようになりました。

また、千姫の養女が鎌倉の東慶寺に尼として入ったため、満徳寺と並んで縁切りの寺として名を馳せることになるのです。

縁切り寺満徳寺資料館でユニークな縁切りの儀式を

満徳寺自体は、１８７２年、幕府の消滅を受けて廃寺となりました。現在は、当時の縁切り寺の様子や離縁までの流れを知ることができる資料館が整備されています。

また資料館では、当時の縁切りの手法をわかりやすく説明したビデオを常時放映しています。ナレーションはあの市原悦子さん。優しい口調で説明してくれます。

竹林を過ぎゆく風に吹かれながら、
往年の女性たちの苦しみに思いを馳せてみては。

順路通り進んでいくと、いつの間にか縁切り寺のシステムがわかるようになっています。

そして注目したいのは、大変ユニークな縁切り施設。なんと、白と黒の便器が並んでいるのです。まずは、受付で買い求めることができる「縁切札」または「縁結札」に、それぞれ専用ペンで縁を切りたいものや人名、縁を結びたいものなどを書き込みます。右側の白の便器には縁切りの、左側の黒の便器には縁結びの紙を流すという珍しい作法。便器の色のように白黒をはっきりさせ、よい「ウン」を呼び寄

ユニークな白黒の便器が、あなたの悪縁を切り、良縁を結ぶ。

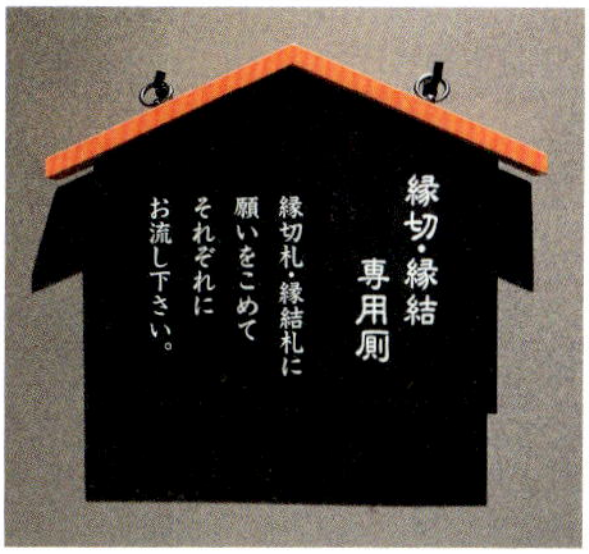

縁を切るほうと、結ぶほう、
くれぐれも間違えないように。

せる、または悩みに「フン」切りをつけて前進し、人生を好転させるための、ちょっと面白い趣向ですね。

編集部が取材した日には、親子仲良くお母様と娘さんが、一生懸命書き込んでいる姿が。まずは縁切りを、続いて縁結びのお願いをされていました。

ご本尊

阿弥陀如来

データ

縁切寺 満徳寺資料館

【住所】群馬県太田市徳川町385-1

【アクセス】JR高崎線「深谷駅」よりタクシーで20分

【公式HP】

【電話】0276-52-2276

【休館日】月曜日（祝日の場合は翌日）、年末年始（12月29日～1月3日）

【開館時間】9：30 ～ 17：00

【入館料金】大人200円、小中学生無料

※記事は、縁切寺 満徳寺資料館を訪れた際の館内資料や動画などを元に編集部が書き起こしたものです。

千葉・市川市

日蓮宗 法華道場《ほっけどうじょう》

光《こう》胤《いん》山《ざん》本《ほん》光《こう》寺《じ》

伝説の妖怪・鵺《ぬえ》を弓で退治した源頼政が悪縁や腐れ縁を射抜いてやっつける

縁切りの神様として祀られている源三位頼政和光尊儀。

出会いから結婚式まで縁《えにし》を繋ぐお寺

東京駅からＪＲ武蔵野線で約36分。市川大野駅から緩やかな坂を上った先に、約６６５年前の室町時代に創建された日蓮宗本光寺があります。横断歩道の正面にある境内の入り口は24時間開放されており、駐車場脇にある休憩スペース「寺シス」のベンチに腰かけていると、オアシスさながらの心地よい時間が流れます。

本光寺は釈迦如来をご本尊とし、愛染明王（あいぜんみょうおう）や鬼子母神（きしぼじん）が祀られているため、恋愛成就祈願や子授け祈願の参詣者が多く、良縁結びのお寺として知られています。２０１０年からは、お寺や神社での合コンイベントである「寺社コン」を婚活サポートの一環として開催し始め、参加をきっかけにご成婚される方や、仏前結婚式を挙げる方もいること

本堂と稲荷堂へと向かう途中に設置された縁切りダーツが目をひく。

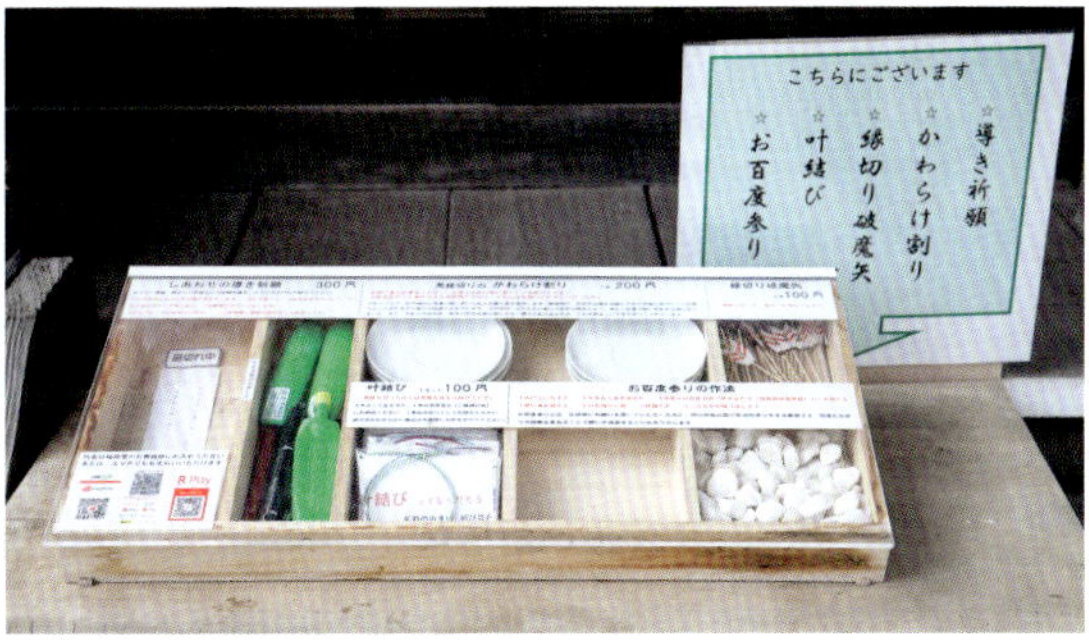

（上）稲荷堂の正面に設置されているケースには、祈願などの作法や代金の支払い方が丁寧に案内されている。（左）悪縁を切りたい場所に突き刺して祈願する縁切り破魔矢は１本 100 円。

から、縁を繋ぐお寺としてますます評判となり、遠方からの参詣者も増えたといいます。

24時間365日 いつでも縁切りのお参りが可能

縁結びのお寺である一方で、本光寺は悪縁を切るご利益があることでも知られています。平安時代の武将で弓の名手であった源頼政は、頭は猿、胴は狸、尾は蛇、手足は虎という奇妙な姿をした鵺が、天皇の神殿に夜な夜な現れていたため退治するよう命じられ、弓を引き、太刀で見事退治したと伝えられています。

本光寺の稲荷堂には源三位頼政和光尊儀（げんさんみよりまさわこうそんぎ）が祀られており、頼政公は人を苦しめる悪縁や腐れ縁を、鵺のごとく退治してくれる縁切りの神様として信仰されてきました。稲荷堂内の祠に安置されているため、お参りの際に拝顔することはできませんが、頼政公のお姿は弓矢を手にし、今にも立ち上がって悪縁を討つかのような勇ましい表情でまっすぐ前を見つめているのだそうです。

稲荷堂の正面には、縁切りの願い事を書いてかわらけ割りをするためのお皿や、悪縁が記された箱に突き刺すための小さな破魔矢《はまや》など、悪縁切りの祈願に必要なアイテムが説明付きで用意されています。代金はお賽銭箱に入れるか、ＱＲコード決済でも支払えま

切りたい悪縁を皿（かわらけ）に書いて石に落として割るかわらけ割りは１枚 200 円。

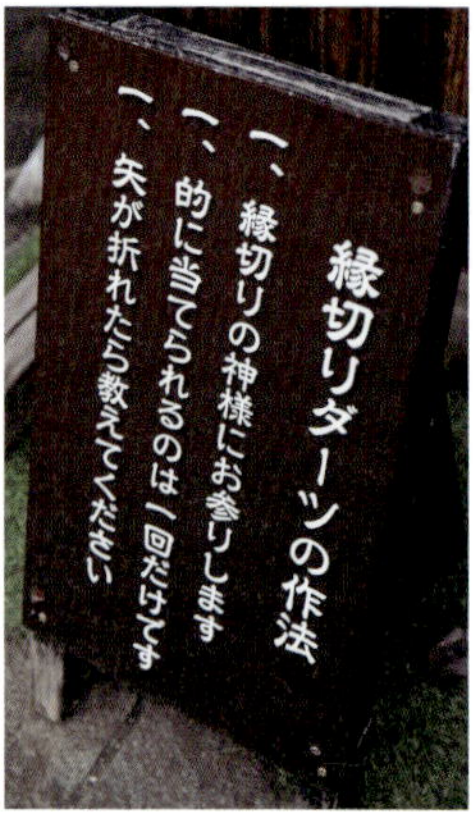

（上）矢が刺さった位置で、切れる悪縁を占う縁切りダーツ。（右）祈願の作法などが境内各所に丁寧に案内されているため、いつ来ても利用しやすい。

す。受付が閉まっている時間でもセルフサービスで気兼ねなくお参りできることから、あまり人に会いたくはないけれど、縁切りの神様には直接手を合わせたいという人にとってはありがたい環境です。

ポップな縁切りで苦しみと早めに縁を切る

本光寺では稲荷堂で縁切りの神様にお参りした後に行う「縁切りダーツ」が用意されています。ボードには40種の悪縁が記されていて、ど真ん中（BULL）を射抜くことができれば希望の悪縁を切ることができるというもの。思いもよらない悪縁を射抜いたり、そもそも矢がボードに届かずに地面に落ちてやり直したり、遊びながらの縁切りで肩の力が抜け、自然と笑顔になっていくのだそうです。

また、本堂で行う縁切り合同祈願として、有給休暇取得祈願法要、スマホアドレス削除祈願法要、フードロス削減祈願法要、サブスク契約打ち切り祈願法要など、社会問題や世の中の風潮をテーマに掲げた祈願法要が年に数回行われています。日常生活の惰性や悩みと縁を切る意識を持つことができれば、自分自身が生きやすくなり、その意識が周囲へと伝播していくことで、苦しみから縁が切れる人が増えていくのだそうです。

悩みが深刻化する前に気軽に話題にしたり、自身を顧みたりできる〝ポップな縁切り〟として趣向を凝らし始めてから10年余り。ワークショップ感覚で縁切り合同祈願に参列するリピーターもいて、住職もやりがいを感じているといいます。

気楽に立ち寄れるお寺の存在があるだけで、縁切りのご利益があるも同然。今後の縁切り合同祈願のテーマにも注目したいところです。

本堂の左手には、縁切りの神様と
学問の神様が祀られている稲荷堂がある。

「お寺は祈りの場であると同時に気づきと笑顔が生まれる、心のふれあいの場」

住職　尾藤宏明《びとうこうめい》

――ポップな縁切りを始めたきっかけを教えてください。

縁切りのご相談というのは、かつてはギャンブルをやめたい、タバコをやめたい、お酒をやめたいというような祈願が大半でした。ところが、十数年くらい前から恋愛の三角関係、ストーカー被害、複雑な親子関係など、愛憎の感情で追い込まれる方がとても増えてきました。これまでのような縁切り祈願でよいのか、何か他にできることはないのかと考えるようになったのです。

――縁切りのご相談では、内容によって対応が変わったりするのですか。

私は縁切りの神様の秘書という立場に立ち、祈願の内容にかかわらず、その方の願いをすべて神様にお伝えします。縁を切るも切らないも神様がお決めになること。でも、やはりご自分に都合が良すぎたり、誰かを不幸にしてまで欲を満たそうとしたりなど、理不尽な願い事には神様はお灸を据えるようなこともあります。

わかりやすい例では、不倫関係にある女性の方が、相手の男性が離婚するように祈願したあと、離婚が成立して喜んでお礼参りに来られましたが、その後、職場で不倫の事実が知られて多くを失う結果になりました。自身にとって邪魔な存在＝悪縁という傲慢な考えの場合には、やはり道理を理解し

大人でもつい夢中になってしまう本格派のダーツ。

かわらけ割りで割った破片のハート形に心が和む。

てもらわないといけない部分もあると感じております。

——自分にとって邪魔な縁が切れたと思っても、今度は自分が恨まれる側に回るということにもなり得ますよね。

そうなんです。縁を切ったつもりが、相手を傷つけたりすることで逆に恨みを買う形で余計に縁が深まってしまうこともあります。しかも当人同士だけの縁ではなく、後世にまで語り継がれることもあるでしょう。

気配りと実践力で人々のために尽くす尾藤宏明住職。

縁というものは現世だけではなく、良くも悪くも過去から引き継がれていると感じる部分が大いにあります。ですからむやみに、この人と縁を切りたいという気持ちに執着しないのが、苦しみを減らす最良の方法だと思っています。

執着を捨てる、こだわりを捨てる……。そのような縁切りをお伝えする方法の一つとして、ポップな縁切りを始めるに至りました。

——お寺でダーツとは意外ですね。

お寺や神社で行う婚活イベントの「寺社コン」を立ち上げた方が千葉県在住の方で、ぜひ本光寺でも開催しませんか、というお話をいただきました。

その方は当時独身でしたが、何と本光寺で初めて開催した寺社コンに参加された方とご結婚されることになり、出会いの場である本光寺で仏前結婚式を挙げられて、さらにご縁が深まりました。

以降、何かと意見交換をさせていただくようになり、ポップな縁切りについてご相談しました。頼政公にあやかって、弓矢で悪縁を射抜く体験型の縁切りをご提案いただき、安全に、そして楽しくできる点からダーツを採用することとなりました。これが思った以上に皆さんに好評で、客殿の前で順番待ちやギャラリーができていることもあるんです。

——24時間お参りを受け入れていたり、ホームページでコラムを執筆されたり、動画配信をされたり、どのような思いが込められているのでしょうか。

気軽にお寺に足を運んでほしいという思いから、2010年に「はひふへ本光寺」というキャッチフレーズで動画を作りました。節度がないとお叱りを受けることもありましたが、生きにくい世の中で自死者が増えるなか、親しみやすいお寺の存在があること、周囲の人に頼っていいのだということを広く伝えたかったのです。
　そして、コロナ禍では本堂での祈願法要も受け入れられない状況が続くなか、パソコンを駆使して動画配信を自己流で始めてみたところ徐々に反響があり、ライブ配信も行うようになって、仏様に一緒に手を合わせることができるようになりました。
　24時間開放しているのも、誰の目も気にせず静かにお参りしたい方もきっとおられるからです。私と面と向かって話すのは気が引けるけれど、ご自分のタイミングで本光寺のホームページから私の記事を読んで何かを感じてもらえたらうれしい限りです。

――あらゆることを精力的にこなされていて、体力的にも精神的にも相当大変だと想像しますが。

　自分自身がやってみたいと思い、やってみたら楽しくなってきて、それほど苦には感じていません。

本堂の前にある「みちびきの門」。願い事を札（1枚300円）に書いて岩に貼り付け、岩の間をくぐって祈願する。

けれども、コロナ禍では気持ちが落ち込んで、つらい時期を経験しました。それまで近隣のお寺さんと毎月一度は食事会がありましたが、それもなくなりました。人と人との付き合いが疎遠になり、ずっと家から出られない状況が続くというのはよろしくないものですね。我が家はまだ幼い子どもたちもいて容赦なく騒がしく、閉じ籠るのは難しいものでした。ちょうど50歳を迎える頃で体力的にも不安を感じるようなタイミングでしたので、余計に気持ちが沈んでしまいました。

――どうやってご自身をケアされているのでしょう。

　妻が以前から新しいことを一緒に始

めようと言ってくれていたのですが、やっと最近になって英会話を夫婦で習い始めました。外国人の方もお参りに来られることがあり、ある程度聞き取ることはできても、うまく伝えられないことが悔しいと感じていました。

これからはますます多様化の時代です。まだうまく話せなくてもどかしいのですが、今はそれも楽しんで学習しています。また、外国人の参拝者に向けて、境内の案内も英語併記を順次進めているところです。

新しいことに頭をフル回転させているうちに、私を苦しませていたストレスや不安もどこかへいってしまいました。こうした自身の経験もお伝えしながら、少しでも皆さまのお力になれればと思っています。

縁切りダーツはどんな悪縁を切るべきか気づくきっかけにもなるため、実は奥が深い。

ご本尊

釈迦如来

データ

【住所】千葉県市川市大野町 3-1695-1

【電話】047-337-8324
※番号非通知だと繋がりません

【アクセス】JR武蔵野線「市川大野駅」より徒歩 3 分

【公式 HP】

源三位頼政和光尊儀は、稲荷堂のなかにある祠に安置されている。

東京・四谷

於岩稲荷《おいわいなり》 長照山《ちょうしょうざん》 陽《よう》運《うん》寺《じ》

縁は微妙なバランスで成り立っているもの
そして他人は変えられない
自分が変わってこそ幸運な未来が拓く

ひょうきんな表情のお稲荷さんが、真っ赤な前掛けをしてお出迎え。

「お岩さん」をお祀りするお寺

東京、四谷三丁目の街の喧騒を抜け、古くからの住宅街を歩くこと5分ほど。静かな細い通りに面して於岩稲荷陽運寺は佇んでいます。

編集部が取材したのは盛夏。うだるような暑さのなかでも、緑あふれる境内には、スッと涼しい風が吹き抜けるような爽快感があり、ここが霊験あらたかな場所であるのを感じることができます。漂うお香の香りとも相まって、おごそかな雰囲気を醸し出していました。

さて、於岩稲荷とあるのは、お岩さんを祀ったお寺だから。お岩さんといえば、ご存じ『東海道四谷怪談』の登場人物です。もともと長く語り継がれていた『四谷怪談集』に登場する、実在したと言われているお岩さんを主役に、江戸時代末期の文政年間に歌舞伎作者四世鶴屋南北が書き上げた物語です。男女の愛憎や人間の業、深層心理を丁寧に描き出した物語は歌舞伎として上演され、大変な人気を博しました。現在でも、歌舞伎興行の際には安全と成功を願って関係者が必ず参拝に訪れるお寺として知られています。

夫・伊右衛門に毒を盛られ、醜い姿に成り果てたお岩は、悶絶の末に亡くなります。亡霊になって夫に恨みを晴らすお岩さんを祀っているこのお寺は、いつ頃からか悪縁を切ってくれると評判になり、境内には、悩みを抱え

狛犬が守る本堂は、18 世紀の薬師堂を移築した寄木造りの建造物。
宗祖日蓮大聖人御尊像、鬼子母尊神像、弁財尊天像、大黒尊天像などが勧請安置されている。

幸福祈願の水かけ福寿菩薩の隣にはお岩さんゆかりの井戸が。

たくさんの女性の姿が目立ちます。悪縁を切ったのちに良縁を呼び寄せようと、全国各地より多くの参拝者が訪れるのです。

　境内の木の下に、かつてお岩さんの祠《ほこら》があったと伝えられています。また、昭和32年（1957年）に新宿区より文化財に指定されたお岩さんゆかりの井戸や、再建記念碑も祀られています。

境内に入ると、竹林の間から
スッと涼しい風が通る。

愛らしいデザインで縁切り
／縁結びのふたつの絵馬
が用意されている。

修法師《しゅほっし》が祈祷してくれる由緒あるお寺

この地にあったお岩さんの霊堂が戦災にあって失われたため、栃木県沼和《ぬまわ》田《だ》から、1757年に建造された寄木造りの薬師堂を移築再建して開山されたのが陽運寺です。お寺自体は、山梨県、身延山久遠寺《みのぶさんくおんじ》を総本山とする日蓮宗の寺院。茨城県水戸市にある本山久昌寺《きゅうしょうじ》(徳川光圀公由縁の寺院)の貫首であった蓮牙院日建上人(れんがいんにっけんしょうにん)が、昭和の初めに建立しました。

お堂のなかには宗祖日蓮大聖人御尊像をはじめ、鬼子母尊神像、弁財尊天像、大黒尊天像などが勧請安置されているだけでなく、木彫りのお岩さん像も祀られています。

現在の住職は、世界三大荒行の一つと言われる、真冬の100日間にわたる壮絶な苦行を経て秘伝の修法を授かった僧侶「修法師」。お悩みを相談すると、神仏のご加護を願い、災いを除いて福を招くための祈祷を捧げてくださいます。

境内の随所に、季節の花が供されている。

開運祈願祭の他、個人の祈祷も行う

陽運寺では、1月と8月以外の毎月1日に、「お岩さま開運祈願祭」を開催しています。わかりやすい法話を頂戴したあと、瞑想をして心を落ち着けます。日々溜まっていく心のアカを神仏の前で懺悔して削ぎ落とし、心のなかからきれいになることで、明日からまたいきいきと暮らせるようになると評判です。

休憩しながら、おみくじを選ぶのも楽しみの一つ。

また、毎月不定期に開催される合同祈願「祈りの日」への参加申し込みは、予約サイトから。厄除け、方位除け、家内安全、良縁成就などから、3つの祈願を選んでお願いすることができます。一般祈祷は5000円〜。

さらに、個人向けの祈祷も行ってくれます。個人祈願では、個々の相談事をじっくり聞いていただき、それぞれに合った正しい祈願を丁寧に執り行ってくれます。縁切り祈願や病気平癒祈願などの特殊祈願をはじめとした深いお悩みに苛まれている場合には、個人祈祷がおすすめです。

心を落ち着けるお守りの数々

陽運寺では、厄除け守りや、もともと美しかったお岩さんの「美」のご利益をいただける美守りの他に、縁結びや縁切りに特化したお守りを求めることができます。

また、縁切り、縁結び絵馬もそれぞれ用意されています。境内の絵馬掛所に掛けられます。

さらに、毎月変わる御朱印を、毎月1日に開催される祈願祭ごとに集めていらっしゃる方も多いのだそうです。

お守りを購入できるところには、ゆっくり腰を下ろして休憩できるスペースが広く取られています。そこかしこに花が挿されているのもうれしい心配りです。

喫茶スペースも別に用意されていて、お抹茶で一服できる。

「一度きりの人生ですから、その場で咲くしかない。だからこそ、咲いて幸せだと思った人が、勝ちです」

住職 植松《うえまつ》健郎《けんろう》

――「縁」とは、どういったものなのでしょうか。

そもそも縁とはすべての人にあるもので、仏教の言葉で「怨憎会苦（おんぞうえく）」と言いますが、たとえ苦手な人や嫌いな人でも避けては通れないものです。

そして、良縁、悪縁という言い方をしますが、実は、うまくいかないから悪縁だ、うまくいくから良縁だと、簡単に決められるものではないのです。

たとえば恋人同士なら、二人の心のありようによって、こちらから見ると悪縁に思えてしまったり、逆に向こうからは良縁に見えたりするもの。シーソーのように、微妙な力関係によって揺れ動くものであり、白黒はっきりつけられるものではないのです。繊細なバランスで成り立っているものなのに、片方が悪縁と感じたから、じゃあ、切ろう、というのは、少し乱暴な話ですね。

――確かに、せっかく結ばれた縁を、考え方一つで「悪縁」「捨て去ろう」と言い切ってしまうのは勿体ないことかもしれません。

基本、縁はすべて「自分が作ってきたこと」で成り立っているのです。悪縁だと思っても、その人がいるから世界は回っていくもの。気が合わないからと人との関係をバッサリと切るのは身勝手と言わざるを得ません。

人との縁は歯車のようなもので、全部ピッタリ合って回っています。そして本来は必要な縁しかないもの。簡単に切り捨てればバランスが乱れてしまう。実は危険なことでもあるのです。

――それでも、人やもの、習慣などの繋がりに悩みを抱えている方は多いようです。

そうですね。悪縁を切る、というよりは、悪縁だと思うものからどう距離を置くかを考える、自分の心の置きどころや考え方を見直す、といった作業が必要なのではないでしょうか。

人の気持ちや態度をコントロールするのは難しいこと。不可能と言ってもいいでしょう。それよりも、まずは自分をどう変えるか、自分の気持ちをどう改めるか、胸に手を置いて考えてみましょう。

——落ち着いて自分を見つめる必要があるということですね。

自分を冷静に見つめるために、まずは自分がどれだけラッキーで、幸せな状況にあるか、考えてみませんか。

わかりやすい例を挙げましょう。たとえば、年末ジャンボ宝くじ、1等に当たる確率をご存じですか。2000万分の1だそうです。到底当たらない、と思ってしまいますよね。でも、この地球上で、人間に生まれる確率は2兆分の1です。ここに生を受けただけで、年末ジャンボよりもずっと厳しい確率のくじに当たっているということなのです。

——当たりくじを引いている！

そうです。さらに、100歳を超えられた檀家さんたちにお話を聞くと、皆さん、人生は長いようで一瞬だったと仰います。せっかく当たりくじを引いたも同然の人生、しかも一瞬で終わってしまうものを、下を向いて生きるか、上を向いて笑って生きるか、考えてみてくださいと、法話でよくお話しします。

悩みながら生きるか、前向きに生きるか。その選択が正しかったかどうかは、誰にもわかりませんし、誰も責任は取ってくれません。一度きりの人生ですから、その場で咲くしかないのです。だからこそ、咲いて幸せだと思った人が、勝ちです。勝ち負けがあるとしたら、ですが。

——幸せだと思ったほうが勝ち、つまり人と比べても意味はなく、自ら幸せに向かうべきだということですね。

その通りです。人と比べて、自分は運が悪い、悪い縁に捕まってしまった、どうにもできない、そう卑下し続けることは、ある意味ご自分の考え方に対する「執着」です。

みんな当たりくじを引いた仲間です。せっかくこの世に生を受けた幸運を、それぞれが、それぞれの形で感謝し続けることが大切です。

そういうふうに感謝の気持ちを持ち続けることこそが、人との縁の悩みから解放される唯一の道だと思います。

——具体的に、感謝の気持ちを持ち続ける方法はありますか？

祈祷のお力を借りるのも一つの方法です。人生には数々の節目があり、不意に「魔」が入ってくることもあります。祈祷とは、神仏のご加護を願い、悪い運気を吹き飛ばし、良い運気を導いてくれるものです。人やものとの関係に行き詰まりを感じたら、陽運寺の境内を訪れ、深呼吸し、祈祷の力に触れ、心穏やかに過ごされてはいかがでしょうか。

「上を向いて生きるしかありません」と空を見つめる植松住職。

ご本尊

日蓮大聖人

データ

【住所】東京都新宿区左門町 18

【電話】03-3351-4812

【アクセス】地下鉄丸ノ内線「四谷三丁目駅」（最寄り出口 3 番）より徒歩約 5 分／JR 総武線「信濃町駅」より徒歩約 8 分

【公式 HP】

山梨・甲府市

朝気熊野神社《あさけくまのじんじゃ》

縁とは魂と魂の結びつき 神様に悩みをお話しするということは 助けていただく道筋ができたということ

柔らかな空気に包まれる神社

朝気熊野神社は、現在の山梨県（甲斐国）が開拓されたときに、この地の村落の守護神として創祀されました。

甲府市内の交通量の多い幹線道路近く、意外な場所に佇む朝気熊野神社に編集部が訪れたのは、秋の気配が漂い始めた10月の末。大きな鳥居にスッと風が通り抜け、神社の内部へ誘ってくれているような雰囲気を感じました。

ご祭神は国生みの夫婦神

朝気熊野神社では、ご夫婦の神様をお祀りしています。伊邪那岐命（イザナギノミコト）・伊邪那美命（イザナミノミコト）は、「国生み」を命じられた神様として知られています。この2神は、「天浮橋《あめのうきはし》」に立ち、「天沼矛《あめのぬぼこ》」で海をかき混ぜ、その矛の先から滴り落ちたもので島を誕生させました。その島に立ち、さらに多くの島々を生み出したと

境内に残る切り株には艶やかな色の花が目印として供されていて、つまずかないようにと優しい心配りを感じる。

整然と掃き清められた社殿の正面。厳かな空気が流れる。

されています。その後、35柱とも数えられるたくさんの神様の両親になったとされる、仲睦まじいご夫婦の神様として知られています。

しかし、古事記・日本書紀によると、妻である伊邪那美命は早くに亡くなってしまいます。生前の美しい妻を恋しく思い、夫は黄泉の国（あの世）まで迎えに行き、現世に連れ戻そうと奔走するのですが……。

黄泉の国の食べ物を口にしたことによって、醜く姿を変えてしまった妻に恐れおののき、現世へ逃げ帰ろうとする夫と、それを追う妻。最後には黄泉の国と現世の間、黄泉比良坂（よもつひらさか）で永遠に別れてしまうという悲しい顛末を迎えます。

しかし逃げ帰った夫からは2柱の神様が生まれました。速玉男命（ハヤタマノオノミコト）と事解男命（コトサカノオノミコト）です。この2柱の神様も、朝気熊野神社においてそれぞれ、みなぎる生命力と、悪縁消除の象徴として祀られています。
また、生前の仲睦まじい夫婦のお姿から、家庭円満・良縁成就・益々繁栄のご神徳を、そして黄泉の国から迫り来る邪鬼どもを振り切って無事現世に戻れたという逸話から、厄災消除・無事健康のご神徳をいただいています。

神様に祝詞を捧げる神聖な場。

お話を聞いていただき、悪縁切り祈願

伊邪那岐命・伊邪那美命を祀っていることで、いつしか悪縁切り、縁結びの神社として知られるようになった朝気熊野神社。誰にも相談できない人間関係の悩みや苦しみを抱えている場合、ご神前でじっくりと話を聞いていただいたうえで、開運を目指す神事を行っていただくことができます。

ご祈祷を予約すると、まずはゆっくりと事情やお気持ちを聞いていただけます。ご自身の運勢や相性なども踏まえながら悩みを語っているうちに、問題の核心が浮かび上がってくるのは不思議なもの。それを祝詞にこめて神職が神様に奏上します。

ご祈祷が終わると、祈願者のお名前が入った護符、清めの塩米、お神酒をお授けくださいます。

静かに進行する霊験あらたかな儀式。神様にお願いを届けてくれる。

心静かに祝詞を聞く間にも、どうしてこんなに悩んでいたのだろう、と霧が晴れていくように感じることでしょう。要予約、秘密厳守の悪縁切り祈祷は、初穂料1万円〜。

名前の入った護符をいただくと、心が鎮まり、スーッと爽快な気持ちに。

風の強い秋の夕方。
快晴の空に社殿が浮
かび上がる。

「執着というものは宿命を果たせない魂のジレンマから生まれていると考えます」

禰宜《ねぎ》 渡邊千紗《わたなべちさ》

――「ご縁」とはそもそも、どういうものだとお考えですか。

一言で言うと、「魂と魂の結びつき」でしょうか。まず、魂とはどういうものかお話ししましょう。

仏教でよく言う表現なので聞いたことがある方が多いかもしれませんが、「因縁」というものがありますね。「因縁」とは「宿命」、つまり物事に定められた運命です。

この世に生まれ落ちたということは、父と母がいて、その前の世代にも父と母がいるという、数えきれないほどのご先祖が脈々と続いてきているということ。過去の記憶はありませんから、三代もさかのぼると、ご先祖がどんな人だったのか、どんな境遇だったのかはわかりません。「私は何者なのか」「なぜこの世に生まれたのか」という宿命がわからないまま、ご先祖とはまったく別の人生を歩んでいるわけです。

つまり魂とは、自分の経験だけでなく、過去のご先祖の未練や執着も集約されているもの。現世においても、人々が苦しむ執着というものは宿命を果たせない魂のジレンマから生まれていると考えます。

――人が執着に悩み、苦しむのは、自分の過去に苦しんでいるということなのでしょうか。

過去世でこじれた関係を持った魂同士が現世で「人」として出会ったとき、それぞれが宿命を全うしようとして生じる不具合に、苦しんでしまうことがあるのでしょうね。そして苦しいなかで、悲しい側面、つらいことばかりを見つめていると、「頑張っているのにどうして報われないのか」「私は正しいのに、なぜ相手は……」のように考

えてしまいがちです。こうした自己中心的な考え方をしていると、その考え方にがんじがらめになってしまい、心のなかの問題はなかなか解決しません。

――苦しみから解放されるには、見方を変える必要があるということですね？

そうです。朝気熊野神社では、ご祈祷をお受けになる方からは、1時間でも2時間でもお話をお聞きすることがありますが、神様の前でお話をされているうちに、ご自身で吹っ切れていくことが多いのは不思議なものです。

――吹っ切れる？

不思議と、「そういう見方もあったのか」と気持ちが変わり、視界が開けて、新たな視点を持てる、そんな感じです。

――自身の見方が変わることで、執着の苦しみから解放されるのですね。

そういうことになります。こうして神様の前に来て、お話をされたということは苦しみから解放される道筋がもう立ったということです。神様へと繋がる道が開かれたのだから、これからは具体的に、ピンポイントで神様に話しかけてお祈りしていきましょうね、とご指導しています。

――道筋が立ったということは、いつでも神様の指導をいただけるという解釈でよいでしょうか。

はい。神様は、しっかりと言葉を伴って祈る人には真摯に応えてくださいます。そういう人は、招かれたか選ばれたかのように、神様の前にいらっしゃいます。これも魂の持つ宿命のなせる技だと思っています。

だからこそ、ご神縁を賜った自分に自信を持って祈ってごらんなさい、とお声をかけています。自分の言葉で祈りを捧げ、神様と対話するひとときを持てるようになれば、再びやってくるかもしれない苦しみや悲しみを、ご自身の力で解決の方向へ持っていけるようになるかもしれませんよ。

ご祭神

伊邪那岐命、伊邪那美命、速玉男命、事解男命

データ

【住所】山梨県甲府市朝気 1-11-1

【電話】055-232-2305

【アクセス】JR「南甲府駅」より徒歩約 15 分／JR「金手駅」より徒歩約 19 分／JR「善光寺駅」より徒歩約 20 分／JR「甲府駅」より徒歩約 33 分

【公式 HP】

山梨・甲府市

穴切大神社《あなぎりだいじんじゃ》

人々を水害から救った伝説のある神社で すっきり悪縁を洗い流し 感謝して遠のく方法を知るべし

甲府市の指定有形文化財である「隋神門」の手前に、大きな鳥居がそびえる。

湖水伝説ゆかりの神社

かつて8世紀にはもう、甲府盆地は水害に悩まされていて、平地化する必要性が訴えられていたそうです。そして戦国時代になっても「まつりごと」つまり政治とは、国を平らかにして、米や野菜がたくさんとれるようにし、地産地消を進めて民を豊かにすることを指しました。

16世紀、まだ引き続き治水の必要に迫られていた名将・武田信玄は、現代にも生きる河川工事の工法を取り入れ、「信玄堤」と呼ばれる堤防を築堤したことで知られています。それほど、この地域の人々は水に悩まされ続けていたのです。

このあたりの町名、地名や自治会名には、青沼、泉町といった水にまつわる名前があったり、水が押し流した石や砂が多かった地域には、石田、砂田、といった名称が残っていたりします。実際に、かつては駿河湾が、この地域まで入ってきていたらしいのです。

「かつて甲府盆地は湖の底にあった」「山を切り拓いて放水した」とされる湖水伝説は、あながち間違いではなく、人々が治水に苦労した歴史を、伝説として伝えているのかもしれません。

穴切大神社と三柱の神様

朝廷に具申して、治水工事の安全を祈願した際に、当時、「黒戸奈神社（くろとなじんじゃ）」という名称だったこの

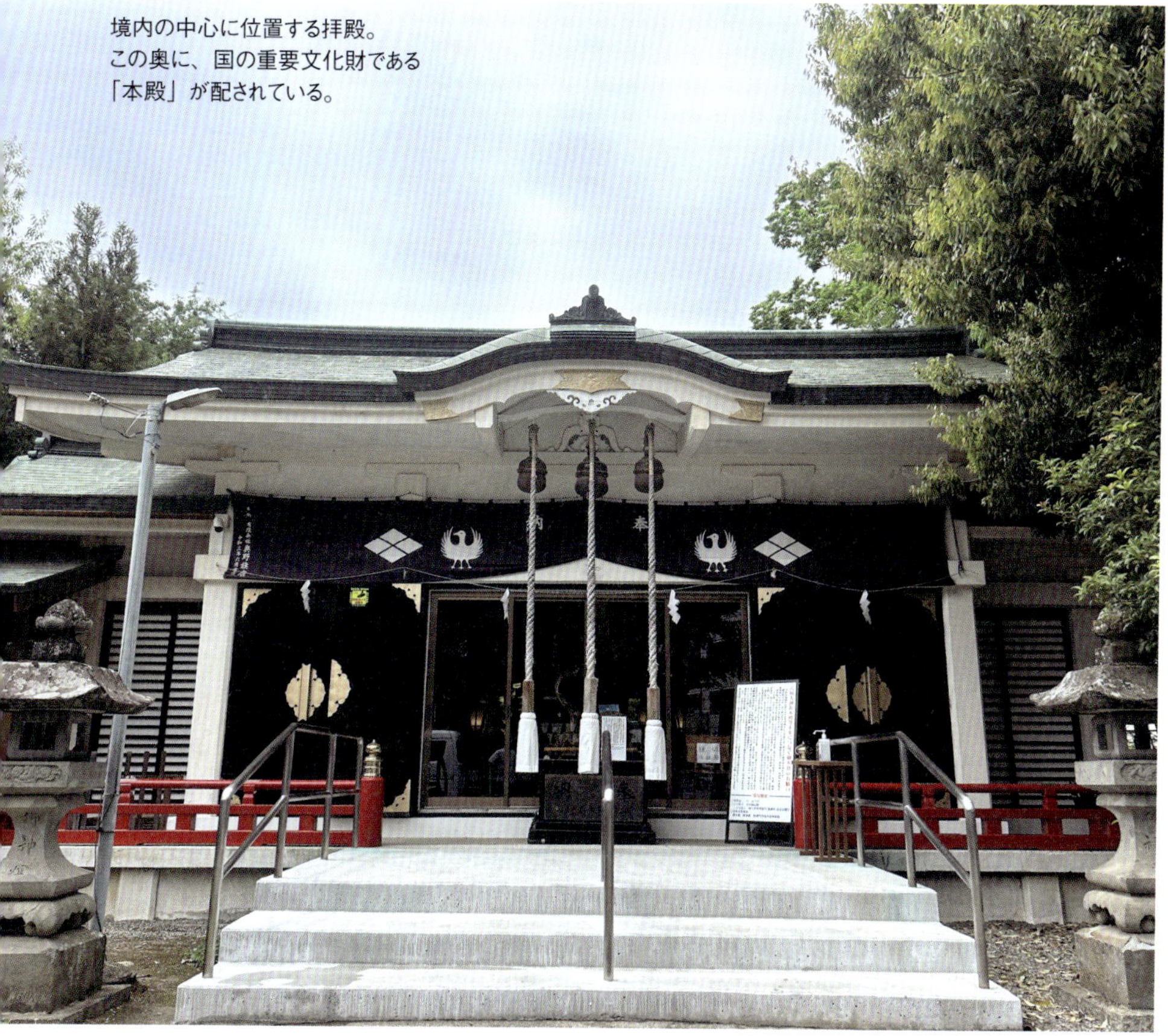

境内の中心に位置する拝殿。
この奥に、国の重要文化財である
「本殿」が配されている。

場所に、大己貴命（オオナムチノミコト）と少彦名命（スクナヒコノミコト）という開拓の神様二神をお祀りすることになりました。その後、土地を切り拓いて穴を開けるという治水の方法から、「穴切《あなぎり》」という言葉が生まれたのだとか。

無事に工事が終わり、山が切れ、穴が開き、水が流れ、肥沃な土地が生まれたことで、朝廷から「穴切大明神」の神号を賜りました。そして、のちに「穴切大神社」と呼ばれるようになりました。

さらにその後、八岐大蛇（ヤマタノオロチ）伝説、八咫烏（ヤタガラス）伝説で知られる素戔嗚命（スサノオノミコト）も加わり、三柱の神様をお祀りすることになったのです。

山をも切るパワーで悪縁切り

山がすっぱりと切れているさまから、「悪縁をすっぱりと切ってくれる」と評判になり、穴切大神社は縁切り神社として知られるようになりました。

建速須佐之男尊（タケハヤスサノオノミコト）という異名をとる素戔嗚命は、強さを表す「タケ・ハヤ」という音と、清浄を表す「ス」という音を併せ持ち、強いお祓いの力があるとのこと。悪をバッサリと切ってくれるとされています。大蛇を退治したことでも知られ、悪縁や悪心を断つというご神徳があるとも言われます。

こうして悪縁を切り去ったのちに、大己貴命と少彦名命という縁結びの二神が、良縁を結んでくれるのです。

さらにこの神社の神使いは、3本足の霊鳥・八咫烏。道に迷った人を導いてくれるとされ、人生に迷った人、目の前のお悩みに困り果てた人を、希望へと誘う力があるそうです。3本の足は天・地・人を表していて、太陽の化身であるとも言われます。

悪縁を切り、良縁を結び、八咫烏の導きで希望を持つ。ご利益の多い穴切大神社で、新たな第一歩を踏み出してみませんか。

黒いお守りに願いを込めて

穴切大神社には珍しいお守りがあります。黒いお守り袋が特徴的。なかにある紙に思いを書き込み、本殿にある成就箱に入れます。

成就箱のなかのお願いは、宮司の手により悪縁切りのご祈祷をしていただけます。書かれてある秘密は厳粛に守られ、宮司が責任を持って祝詞にして奏上し、焚《た》き上げをしてもらえます。

ご祈祷の後、黒いお守りはご自身で持ち、希望が叶ったら再びこの場所に奉納に訪れましょう。

拝殿の角に配置されている木製の縁切成就箱。

シャープな印象の黒いお守りは、他にはあまりないデザイン。

「避けられない人との軋轢。『感謝して遠のく』ことで光が見える」

宮司 秋山忠也《あきやまただなり》

――縁とは、そもそもどういうものでしょうか。

皆さん、ご縁をいただいて生を受け、ご縁のなかで成長します。すべての方がご縁のなかにあるのです。願わくはすべてが良縁だといいのですが、悲しいかな人間には欲があり、業がある。だから、縁が悩みの原因になってしまうことがあります。人を憎んでしまうことも、病を得てしまうこともあります。弱い自分を切り捨てたいといった、自身の性格に悩むこともあるでしょう。

――そんな悩みは、なかなか人には話せないかもしれません。

自慢話や、成功した話はいくらでもできるかもしれませんが、人に聞かれたくない悩みもたくさんありますよね。ここに来てお話しいただければ、言霊《ことだま》と言いますが、悩みの4、5割はスーッと解決していきます。あわせて、お守りのなかの紙に思いをしたためていただくと、7、8割は収まっていくでしょう。さらに、ご祈祷で神様のお力を借りれば、解決へ向かえると思います。

――状況を冷静に受け止めることができず、人を憎んでしまうこともあるかもしれません。

昔から、「人を呪わば穴二つ」と言いますね。人を呪って殺してしまったら、その横に自分の墓穴も開く、という恐ろしい言い伝えですが、悪しき思いはいずれ自分に返ってくるということです。人と人との問題は必ず起きますが、人を変えるのではなくあなたの心持ちを変えれば、その問題はスッとなくなっていくかもしれないのです。

人が憎い、憎い、ではなく、なぜそうなるのかを考えてみる。自分という人間が将来的に、よくなる方向で切りたいものを切るべきです。

皆さんそれぞれに「正義」というものを持っています。その正義はみんな一緒ではないのです。だから軋轢も起きる。

優しい口調で縁というものを説く秋山宮司。「あなたの心持ちを変えれば問題は解決に向かうでしょう」

——それぞれに正義があり、互いに尊重しなくてはならないとわかれば戦争もなくなるのでは。

そうです。今世界で起こっている悲しい戦争や紛争は、そのほとんどが宗教戦争ではないでしょうか。日本人は八百万《やおよろず》の神様を長く祀ってきた人民です。「一つの正義しか許さない」という考え方ではなく、神様はいろいろなものに宿っているということを、私たちは知っているはずです。その考え方で、他の人には他の考え方があると、認めていかなくてはいけません。

——縁に苦しむ人たちは、どう対処したらいいのでしょうか。

そもそも「ご縁」というのは仏教的な言い回しですが、日本は神仏習合、長い間、両方とも認める暮らしをしてきました。だから、神道でもご縁については考えます。生まれてから死ぬまで、ずっとご縁のなかで生かされているのですから。そのご縁に関して感謝をすることができれば、争いもなくなっていくはずです。憎み合うだけでは、永遠に争いがなくなりません。つまり、「感謝して遠のく」ことが大事なのです。外へ外へと距離をとっていくことです。

——具体的にはどんなことをすると感謝に繋がりますか。

神道で一番嫌うのは「穢《けが》れ」です。心の穢れを浄化するというのは、元々の清らかなものを取り戻していく作業です。「赤ちゃん」と言いますが、赤とは穢れのない色。皆清らかに生まれてくるのに、人生の節目節目で穢れを背負ってしまう。

神社でも毎日、日供祭《にっくさい》を奉仕し、社殿の周りを掃き清めます。鳥居をくぐったり、手水を受けたり、鈴を鳴らしたりすることだけでもお清めの儀式ですよ。神社を訪れるという習慣を持つだけで、ありがたいと思える心境になることでしょう。

——そもそも生まれてきたことに感謝

かつての治水の様子を彫り上げたレリーフの下に神様が祀られている。

「よくお越しいただきました。ゆっくりと過ごしていらっしゃってください」

するという考え方もあります。

大切なことですね。体は借り物なのです。魂の入れ物です。死んだら体は「なきがら」となり、魂は神の世界へ帰っていきます。つまり、命は授かりものだということです。赤ちゃんができると授かりものだって言いますよね。このいただいた体を誇りに思い、感謝しなくてはなりません。魂と体の組み合わせは唯一無二ですから。ありがたいことです。

だからこそ自分のいいところを数えていくことが大切です。自分は自分の良さになかなか気づかないだけです。

――うまく自分の良さを見つけられないという問題もありますが。

ご自分の悩みを話す場所や、聞いてくれるところがないことが問題です。家族にも友人にも上司にも、誰にも相談できずにいる人が多い。自ら命を絶ってしまうような悲しい事件が後を絶ちませんね。借りている体をそうして失ってしまうのは非常に悲しいことです。

だから、苦しみのなかでここを見つけてくれて、ここに来てくださった方には、「よく来られましたね」と声をかけます。

こうしてここで私がお話ししているのも一つのご縁です。お悩みを持つ読者の方一人でも、ここを見つけていただけたらと思います。

ご祭神

大己貴命、少彦名命、素戔嗚命

データ

【住所】山梨県甲府市宝 2-8-5

【電話】055-222-3852

【アクセス】JR 中央本線「甲府駅」より徒歩約 15 分

【公式 HP】

ご祈祷を申し込むには電話にて予約を。初穂料は個人の場合5000円～、法人の場合は2万円～。

用語集

仏教と神道の違い

仏教とは

紀元前5世紀頃のインドにて、釈迦《しゃか》族という貴族の王子として生まれたゴータマ・シッダールタ（仏陀《ぶっだ》）が開いた宗教。ゴータマ・シッダールタは若い頃に人生に悩み、貴族としての生活を捨てて修行に励むと、やがて悟りを開き、「釈迦如来《しゃかにょらい》」となった。

仏教の教えは「お経」という形のお話で広まり、たくさんの種類のお話（お経）が創作されると、阿弥陀如来や薬師如来といった如来が登場。やがて仏教は中国、韓国へと伝わり、6世紀頃に日本に伝わったとされる。

仏には、大きく分けて4つの位がある。

【如来《にょらい》】 仏のなかでもっとも位が高い。悟りを開いたもの。

【菩薩《ぼさつ》】 如来の次に位が高い。如来になるべく現在修行をしている者で、将来如来になることがほぼ約束されている。代表的なものに観音菩薩や、文殊菩薩《もんじゅぼさつ》がある。

【明王《みょうおう》】 3番目の位。大日如来の化身である明王は、怒った表情をしているのが特徴。もっとも有名なのは不動明王《ふどうみょうおう》。

【天《てん》】 4番目の位。仏教が成立する前からインドで信仰されていた神々が仏教に取り入れられており、仏教を守る役割をしているとされる。有名なのは毘沙門天《びしゃもんてん》や、弁財天《べんざいてん》。

釈迦が亡くなって以降、お経の解釈や、どのお経を大切にするかで考えが分かれ、宗派となる。日本に伝わった仏教は13宗派に分かれ、そこから明治時代に56派に分派されたといわれている。

各宗派によって信仰の対象となる仏や、読むお経、考え方などが異なる。たとえば浄土真宗は念仏を唱えることで仏に救済され極楽浄土へ往生できると考える。一方、天台宗・日蓮宗は法華経《ほけきょう》を最高とし、題目を唱えることによってこの世で成仏ができると説いている。同じ仏教でも解釈は大きく分かれる。

日本における仏教の 13 宗派

宗派	日本での開祖	主たる本山
法相宗（ほっそうしゅう）	道昭（どうしょう）	興福寺（こうふくじ）、薬師寺（やくしじ）
華厳宗（けごんしゅう）	審祥（しんじょう）	東大寺（とうだいじ）
律宗（りっしゅう）	鑑真（がんじん）	唐招提寺（とうしょうだいじ）
天台宗（てんだいしゅう）	最澄（さいちょう）	延暦寺（えんりゃくじ）
真言宗（しんごんしゅう）	空海（くうかい）	金剛峯寺（こんごうぶじ）
融通念仏宗（ゆうずうねんぶつしゅう）	良忍（りょうにん）	大念仏寺（だいねんぶつじ）
浄土宗（じょうどしゅう）	法然（ほうねん）	知恩院（ちおんいん）
臨済宗（りんざいしゅう）	栄西（えいさい）	妙心寺（みょうしんじ）、建仁寺（けんにんじ）
浄土真宗（じょうどしんしゅう）	親鸞（しんらん）	西本願寺（にしほんがんじ）、 東本願寺（ひがしほんがんじ）
曹洞宗（そうとうしゅう）	道元（どうげん）	永平寺（えいへいじ）、総持寺（そうじじ）
日蓮宗（にちれんしゅう）	日蓮（にちれん）	久遠寺（くおんじ）
時宗（じしゅう）	一遍（いっぺん）	清浄光寺（しょうじょうこうじ）
黄檗宗（おうばくしゅう）	隠元（いんげん）	萬福寺（まんぷくじ）

神道とは

日本土着の宗教。自然に対する畏《おそ》れや感謝から自然発生した民間信仰と儀礼の複合したものが原点だといわれており、岩や土、川などの自然や動物を信仰の対象（八百万の神）とするアニミズム（精霊信仰）的な性質を持つ。そのため教祖や教団などの組織は存在しない。

各神社には、代表して祀っている「祭神」が存在する。たとえば島根県の出雲大社では、日本国を創った神といわれる「大国主大神（オオクニヌシノオオカミ）」を祀っている。

また日本の神話において、神の子どもは天皇であるという考え方から、歴代の天皇を祭神とする神社も多い。天皇制とのかかわりも深く、明治時代初期、明治政府は天皇が政治を行う「天皇親政」の国家を目指し、神道を国教にする運動をおこした（神仏判然の令）。

第二次世界大戦後、ＧＨＱにより国家神道は解体され、神社は国の管理下から外れた。

しかし戒律もなく、幅広い信仰を受け入れる神道の精神は日本人の生活に深く根付いており、正月には神社で初詣をし、クリスマスを祝い、結婚式を教会で挙げ、寺で葬式を執り行うことも珍しくない。このような日本人の行動は宗教観が薄いといわれることもあるが、幅広い信仰を受け入れるアニミズムの精神であるともいえる。

お寺と神社の主な違い

お寺

施設の名称

○○寺、○○院、○○山、○○不動、○○大師、○○堂

建物や施設内の名称

本堂、講堂、山門、僧房、鐘楼

人の名称

住職、お坊さん、僧侶《そうりょ》、和尚《おしょう》

基本的な参拝方法

（※施設、宗派などによって異なります）

合掌《がっしょう》、一礼

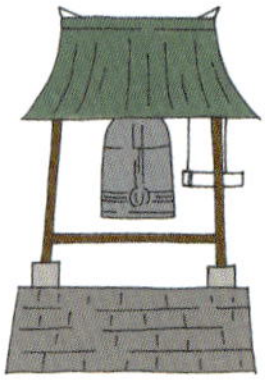

神社

施設の名称

○○神社、○○大社、○○神宮、○○稲荷《いなり》

建物や施設内の名称

本殿、拝殿、鳥居、手水舎、社務所

人の名称

神職、神主、宮司、禰宜《ねぎ》、権禰宜《ごんねぎ》

基本的な参拝方法

（※施設、宗派などによって異なります）

二礼、二拍手、一礼

合掌《がっしょう》と柏手《かしわで》について

お寺と神社のお参りで混同しがちなのが、合掌と柏手。

仏教で行う合掌とは、胸の前で音を立てず静かに掌《てのひら》を合わせること。インドの敬礼作法が取り入れられたものとされており、インドでは右手が清浄を、左手が不浄を表す。仏教では、右手は仏の世界（極楽浄土）を表し、左手は現世（衆生）を表す。両方の掌を重ね合わせることによって仏の世界と現世が一体となり、成仏を願う気持ちを表現している。

一方、パンパンと音を立てて手を叩く行為を柏手《かしわで》という（拍手《はくしゅ》ともいう）。音を出して神への感謝や敬意を表現するため、あるいは、邪気を祓《はら》うためなどともいわれている。いずれにしても手を叩くのは神に対しての行為であり、お寺では柏手は打たない。

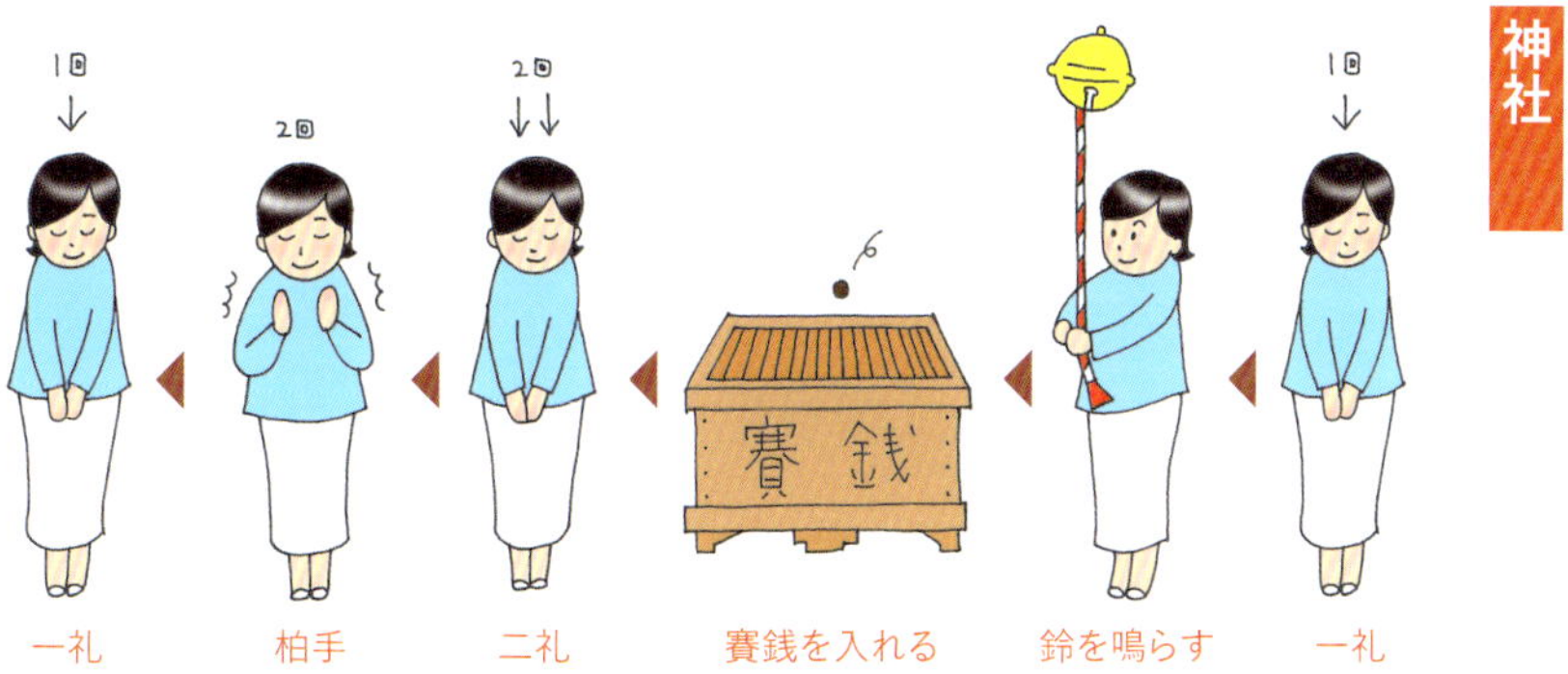

＊宗派によって異なる場合があります。

本書に登場する用語説明

神仏習合《しんぶつしゅうごう》

日本列島固有の神に対する信仰（古神道）と、6世紀に大陸より伝来した仏教とが融合した独特の信仰体系。お寺のなかに神殿をつくったり、神社の本殿に仏像を祀ったりするなかで、日本の神々が仏教を守っているという考え方や、日本の神々は仏の化身だという考え方が生まれた。神仏習合の影響は現在でも残っており、仏壇と神棚を同時に有する家庭は現代でも少なくない。

明治維新《めいじいしん》

1856年〜68年頃に行われた一連の政治改革。ペリー来航による日本の開国をきっかけに江戸幕府が崩壊。新政府は日本を近代国家にするべく大政奉還《たいせいほうかん》（武士が行っていた政治を天皇に返すこと）や、版籍奉還《はんせきほうかん》（全国の藩が土地や人民を天皇に返すこと）などのさまざまな改革を行った。

神仏分離令《しんぶつぶんりれい》（神仏判然の令）

明治の初め、政府は祭政一致《さいせいいっち》（宗教的な主宰者と政治の主権者とが一致していること）の方針を定め、神仏習合を禁止した。神社から仏像や仏具を除去し、寺院からは神社に関連する一切を除去した。また神社に所属している僧侶へは還俗《げんぞく》（出家者が再び俗世へ戻ること）を命じた。

廃仏毀釈《はいぶつきしゃく》

仏教を排すること。「廃仏」は仏法を廃することを意味し、「毀釈」は仏教の開祖である釈迦の教えを棄却することを意味する。神仏分離の政策を利用し、仏教の敗訴を望む者たちが引き起こした運動ともいわれる。

国の史跡

文化庁ホームページの「文化財保護法」によると、「貝塚、古墳、都城跡、城跡、旧宅、その他の遺跡で、我が国にとって歴史上または学術上価値の高いもの」のうち重要なものとされる。

古神道《こしんとう》

日本において、外来宗教の影響を受ける以前に存在していた宗教。純神道、原始神道ともいう。

ご神木、ご霊石

神の拠《よ》り所となる木や森、岩のこと。日本では古来より、樹木、岩、山、滝が神の依代《よりしろ》になるといわれている（依代とは、神霊がよりつく対象物のこと）。また古神道では、神社や神棚以外で祭祀を行う際に、神籬《ひもろぎ》といって榊《さかき》などの常緑樹を立て、臨時の神の依り代とした。

祈祷《きとう》

神仏に祈り願うこと。その儀式や、法要をいう。

絵馬《えま》

なにかを祈願するときや祈願が成就した際にお礼として神社に奉納する木の板。その昔、神様は馬に乗って人間界へやって来たと考えられており、神事には、生きた馬や土で作った馬形、簡略化し木で作った板立馬《いただてうま》が献上された。その名残が、絵馬だといわれている。

祭神《さいじん》

神社で主として祀っている神。ご祭神。神社には複数の神々が祭神として祀られていることも多く、その場合、もっとも中心になる神を「主神」または「主祭神」といい、他の神を「配祀神《はいしじん》」、「相殿神《あいどのしん》」ともいう。

流罪《るざい》

罪人を島などへ送り、その地での居住を強制する追放刑の一種。流刑、島流しともいう。菅原道真や後鳥羽上皇などが知られている。

八百万《やおよろず》の神

「八百万」とは非常に多くの、無数の、という意味。イスラム教やキリスト教が唯一の神を信仰する一神教であるのに対し、古来より日本人の信仰は森羅万象（山、海、川、動物、植物から家、厠にいたるまでのあらゆるところ）に精霊（神）が宿って人々を守っていると考えられていた。神道の基本的な考え方。

眷属《けんぞく》

血筋のつながっている一族の者や、身内の者のこと。蛇や龍、キツネなど、その神と関係の深い動物や架空の動物を指すことも。

本社、摂社、末社

神社において、祭神を祀っているのが本社。祭神と関係の深い神を祀っているのが摂社、末社となる。

ご神徳《しんとく》

神の恵み、または神によって引き起こされる事象のこと。

複合社殿

本殿と拝殿や、その他の社殿を結合して一つの建物としたもの。

破魔矢《はまや》

災いを破って除けるため、矢の形を模した魔除け道具。一年の始まりであるお正月に神社から授かり、自宅の神棚に祀ることが多い。

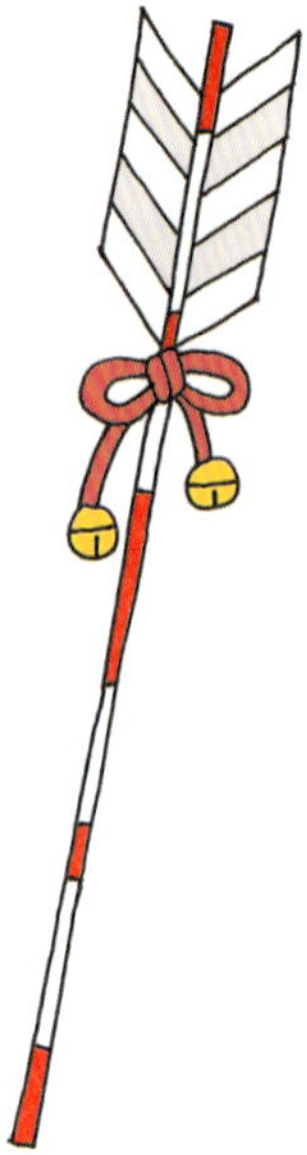

八咫烏《やたがらす》

日本神話に登場するカラスであり、導きの神といわれている。日本の建国神話「神武東征神話」では、天照大御神《あまてらすおおみかみ》の使いとして神武天皇を道案内した。身体が大きく、足が三本あることが特徴。三本足はそれぞれ天・地・人を表しており、太陽の化身であるともいわれている。

穢《けが》れ

主に神道で持つ観念の一つで、不潔や不浄で忌まわしい状態をいう。

檀家《だんか》

特定の寺に属し、お布施や会費を支払って、葬式や法事などの供養をしてもらう家のこと。宗派によっては「門徒」や「信徒」とも呼ばれる。

檀那寺《だんなでら》、檀家寺

檀家のお布施や会費によって活動を支えられている寺のこ

と。菩提寺は檀家であるなしにかかわらず、先祖代々のお墓がある寺のことをいう。

信者寺

檀那寺とは違い、基本的には誰でも入ることができ、参拝も自由な寺のこと。祈祷や祈願も行っており、お寺に訪れた人の参拝料や行事での寄付金、境内でのお札、お守りなどを販売した収益などで運営されている。

本尊《ほんぞん》

仏教各宗派でもっとも大切に信仰されている信仰対象。

本殿《ほんでん》

神社で、ご祭神を祀っている建物。正殿、宝殿ともいう。

本堂《ほんどう》

お寺において、ご本尊を祀っている建物。

出家《しゅっけ》

家や家族、俗世的な生活を捨て、仏教の修行をすること。

俗世《ぞくせ》

神や仏の道を求めて修行することに無関心な、一般的な人間が住む世界や世の中をさす。現世、娑婆《しゃば》とも呼ぶ。

遺命《いめい》

僧侶などが、自らの死んだ後の世界のため、死に際に弟子たちに残す命令。

お百《ひゃく》度《ど》参《まい》り

心願成就を祈り、神社に百回お参りをする風習。

末法《まっぽう》の世《よ》

時代が下り、仏教が衰えて道徳が乱れた末の世のこと。

煩悩《ぼんのう》

心身につきまとい、心をかき乱し身を悩ます妄念、欲望のこと。仏教において、心の動揺は１０８個あるとされる。

尼僧《にそう》

出家をして仏門に入った女性。

お布施《ふせ》

読経などの法要をした際、住職に渡す金銭。仏教の発祥地であるインドでは、功徳を積んだ者（出家者）に対し布施を行うことで功徳が分与されると考えられている。そのため、出家修行者に対し食べ物などを施す習慣がある。また「お布施」とは仏教用語で「他人に施しを与えること」とされており、神社で祈祷料を渡す場合は神様に供える金銭であるため、お布施という言葉は使用せず、神社では「初穂料」や「玉串料」といった言葉が使われる。

曼荼羅《まんだら》

宇宙の真理や仏の世界を表現したもの。密教においては瞑想を行う際に悟りへと近づく手助けとなる。

安置

神仏の像を特定の場所に据え置いて祀ること。

密教《みっきょう》

「秘密仏教」の略語。古代インドで生まれた宗派の一つで、唐（現代の中国）へ渡った。遣唐使として唐へ留学した僧侶の最澄と空海により、日本に伝わる。

「密教」と相対して「顕教」《けんぎょう》という言葉があり、「顕教」が〝この世で苦しむ者全員を救済し悟りを開くため〟に言葉で明確に説いた教えだとすると、「密教」は〝師から弟子へと伝えられ、授かった者以外には公表できない〟秘密の教えである。一般的には祈る対象も異なり、顕教では釈迦如来に、密教では大日如来に対して祈る。

奥義《おうぎ》

学問や武術などにおいてもっとも大事な事柄、もっとも肝心な点のこと。極意。

開山《かいざん》

お寺を開創すること、または開創した僧侶のこと。

年中法要

各寺で一年を通して行う行事のこと。

お遍路さん《へんろ》

お遍路とは、弘法大師・空海の足跡を辿り、四国八十八カ所の霊場を巡礼すること。そして巡礼する人のことを「お遍路さん」と呼ぶ。

法話

僧侶が仏教の教えを一般の人たちに聴かせるための話。説教ともいう。

山伏《やまぶし》

山野《さんや》に住み、修業をする僧のこと。修験者《しゅげんじゃ》とも呼ぶ。修験とは、古代日本において山岳信仰に仏教などの要素が混ざりながら成立した日本独自の信仰形態であり、山に籠って厳しい修行をすることによって悟りを得る。

おわりに

最後までお読みくださりありがとうございました。
皆さんのお悩みを受け止めて背中を押してくれるような神社や、
心の支えとなり、ご自身が前を向く力添えとなるような
お寺は見つかりましたか？

多くの宮司さんは
「神様との繋がりを見つけよ」

「穢《けが》れを払って健やかな自分自身を取り戻せ」

と仰います。

また多くの住職さんは
「相手を変えようと奮闘するのではなく、自分自身を見つめよ」

「執着から解き放たれて、幸せを掴みなさい」

と提案されています。


こうした境地に行き着くまでには、まだ時間がかかるかもしれません。

でも、この本が、皆様と神様との縁を結び、

「幸せ」への道筋に光を差すきっかけとなることを願ってやみません。


いくらお金があっても、良いご縁とめぐり逢わなければ、人は幸せになれないものです。

前を向いて、幸せへの道を一歩一歩、歩んでいきましょう。

本書の出版にご協力いただいた皆様とのご縁に感謝いたします。

しつこい執着と悪縁を手放して人生が大逆転する
本当にすごい縁切り寺

2025年 5月13日　初版第一刷発行

ブックマン社編集部　編

撮影　高岡弘
ブックデザイン　釜内由紀江　五十嵐奈央子（GRiD）
執筆　下村千秋　千葉淳子　内田佑季　黒澤麻子

発行者　石川達也　小宮亜里
発行所　株式会社ブックマン社
〒101-0065　千代田区西神田3-3-5
TEL 03-3237-7777
FAX 03-5226-9599
https://www.bookman.co.jp

ISBN　978-4-89308-974-8
印刷・製本　TOPPANクロレ株式会社